本书获以下基金项目支持：山东工商学院博士基金启动项目（BS202327）：《共同富裕背景下我国财政支农支出减缓相对贫困路径研究》（2021.12-2027.12）；山东省哲学社会科学规划研究项目（24CKFJ17）：《高质量共建“一带一路”下提升山东省粮食安全韧性的机制与路径研究》（2024.12-2025.12）

财政支农支出

对相对贫困治理的效应研究

王秋苏◎著

中国财经出版传媒集团
中国财政经济出版社
·北京·

图书在版编目（CIP）数据

财政支农支出对相对贫困治理的效应研究 / 王秋苏著. -- 北京：中国财政经济出版社，2025. 6. -- ISBN 978 - 7 - 5223 - 3948 - 1

Ⅰ. F323. 8

中国国家版本馆 CIP 数据核字第 2025CK0373 号

责任编辑：张晓丽　　　　责任校对：胡永立
封面设计：孙俪铭　　　　责任印制：史大鹏

财政支农支出对相对贫困治理的效应研究
CAIZHENG ZHINONG ZHICHU DUI XIANGDUI PINKUN ZHILI DE XIAOYING YANJIU

中国财政经济出版社 出版

URL：http：//www. cfeph. cn
E - mail：cfeph@ cfeph. cn

社址：北京市海淀区阜成路甲 28 号　邮政编码：100142
营销中心电话：010 - 88191522
天猫网店：中国财政经济出版社旗舰店
网址：https：//zgczjjcbs. tmall. com
涿州汇美亿浓印刷有限公司印刷　各地新华书店经销
成品尺寸：170mm × 240mm　16 开　13. 25 印张　200 000 字
2025 年 6 月第 1 版　2025 年 6 月河北第 1 次印刷
定价：78. 00 元
ISBN 978 - 7 - 5223 - 3948 - 1
（图书出现印装问题，本社负责调换，电话：010 - 88190548）
本社图书质量投诉电话：010 - 88190744
打击盗版举报热线：010 - 88191661　QQ：2242791300

前　言

2015年9月，联合国可持续发展峰会通过议程，将2030年前消除一切形式的贫困作为人类发展目标之一。为此，中国长期致力于缓解和消除绝对贫困，积极探索中国特色的减贫道路，并于2020年顺利实现了现行标准下农村贫困人口全部脱贫的目标。尽管绝对贫困得以消除，但其剩余长尾效应导致农村相对贫困仍将大面积存在。而从绝对贫困到相对贫困的治理，取决于能否进一步完善治理结构和创造一种新的反贫政策机制。自2004年起，中央连续多年发布的以“三农”为主题的中央一号文件中，均肯定了财政支农杠杆在农民增收中的作用，力求促进财政支农政策和乡村振兴战略之间的有效互动，提高支农政策效应和减贫效率，进而增加农民收入，达到缓解农村相对贫困以及代际传递的目的。

本书基于中国致力于防止相对贫困代际传递的现实背景，从贫困的测量与估计出发，聚焦中国财政支农支出对相对贫困的治理问题。相比已有研究，本书首先对涉及的贫困与财政支农支出的概念及理论进行阐述，并进行相关文献综述与评价，其次，选择国民经济核算中的收入分组宏观数据，构建收入分布函数，最终结合FGT贫困指数测算能够反映贫困广度、贫困深度和贫困强度的指标体系，对我国分省以及区域的2001—2020年农村相对贫困进行测量，并采用收敛性分析研究方法刻画我国农村贫困的分布特征。再次，基于财政支农支出直接与间接减贫路径以及财政减贫效率的理论分析框架，引入交互固定效应、分层变系数和随机前沿曲面等面板数据模型对财政支农支出的减贫效应进行研究。最后，在乡村振兴背景下，从财政支农支出角度夯实贫困治理成果提供对策建议。通过以上综合研究，得出以下结论。

整体上我国脱贫攻坚效果显著，但缓解相对贫困道路任重道远。贫困的测算及度量是进行贫困理论研究的前提，本书立足于宏观数据背景下的贫困状况研究，依靠 FGT 贫困指数不仅可以形成反映整体贫困状况的综合评价体系，对贫困程度的反映更直接，也更细致，便于更详细地考察总人口内部的贫困状态。从全国整体上看，我国的农村贫困广度、贫困深度和贫困强度基本呈现出一致性的下降趋势。说明在样本期内，中国各地区农村贫困发生的广度显著被遏制，极端贫困人口的收入状况改善明显，最终使农村贫困人口内部的收入不平等程度在整体上也有所降低，贫困规模得到了有效控制。收敛性分析表明，收敛程度东部地区 > 全样本 > 中部地区 > 西部地区，这意味着全国各地区之间的贫困指数趋向收敛于内部相同的稳态水平，贫困指数差异逐渐缩小。

财政支农支出具有“输血式”直接减贫效果，省际差异明显。财政支农支出的部分分项支出能够向农村居民提供各类支援农业生产服务、对贫困群体进行直接救助补贴等，这种服务的深度和广度能够影响农村个体的初始财富水平与接受教育的机会，进而改善社会福利水平等，强调财政支农支出直接面向贫困群体的影响效应。研究也表明，财政支农支出对贫困发生率、贫困广度和贫困深度具有显著的抑制作用，比如财政支农支出中的农村救济费、救灾补贴等是保证基本生活的生活费用补贴，也是为贫困人口提供的一种救济手段。交互效应模型因子分析显示，总体上来看各个省份对财政支农支出中隐性共同因子冲击存在较大的地区差异，反应最强烈的是北京和上海，均位于东部地区，因此，经济发达的省份对于共同冲击的反应更为强烈。地区差异性分析显示，目前财政支农支出政策仅对缩小贫困广度、消除绝对贫困人口有效，随着从绝对贫困消除转向相对贫困治理，未来我国财政支农政策必须调整。

财政支农支出可通过经济增长、缩小收入分配差距、产业结构升级等多种方式实现“造血式”间接减贫，但受到城镇化进程的负面调节。作为农业生产中的资本投入要素，财政支农支出的另一个重要作用是和其他生产要素投入相结合，发挥出更多地增加农业产出、提高农民收入作用，最终实现减贫目标。研究表明，我国各省农村贫困状况具有显著的区域结构性分布，因此，在研究我国相对贫困的影响因素中，考虑使用能够区分组间与组内差异的分层线性模型具有较强的说服能力。借助本章提出的分层线性模型，可以发现财政支农支出可以通过缩小收入分配差距和产业结构升级对减少相对贫困有间接效应。但值得注意的是，城镇化带来的负面效应会使财政支农支出政策得不到有效发挥，拖累减贫成果，极有可能加剧区域发展不平衡和贫富差距的扩大，是未来减贫应该关注的重点。

财政支农支出减贫效率提升空间巨大，亟待从政策、经济和社会方面三轮驱动。在研究财政支农支出减贫效应过程中，应同步考虑全部投入要素的平均技术效率和财政支农支出的技术效率问题。基于随机前沿分析（SFA）方法，本书将脱贫效果作为产出目标，测算出我国减贫的技术效率呈逐年上升趋势，但总体减贫技术效率水平不高，表明未来提升减少相对贫困效率的提升空间巨大。且分别从三大地区来看，贫困广度、贫困深度和贫困强度的技术效率按照由东到西递减趋势排列。财政支农支出对减贫效率的影响效应具有“U”形特征，在财政支农支出低于拐点值时，对提高贫困效率有抑制作用，超过拐点时，这种抑制效果逐渐减弱直至消失，能够促进贫困效率的提高，这在三大地区同样均有体现，且最终财政支农支出减贫效率评价值中，东部地区 > 西部地区 > 中部地区。此外，本书还对影响减贫技术效率的因素进行分析，研究发现，提升财政支农支出减贫效率亟待三轮驱动，教育支出、科技投入、产业结构升级以及医疗条件改善等外部因素均能从各个方面对提高财政减贫效率产生积极影响。

目　　录

第一章

绪　论

贫困问题是全球性挑战，也是中国推进共同富裕进程中亟待解决的关键议题。财政支农支出作为政府减贫的重要政策工具，其减贫效应和效率直接影响乡村振兴战略的实施成效。本章首先立足国内外减贫实践与理论演进，阐述研究背景，明确理论价值与现实意义；其次，界定贫困与财政支农支出的核心概念，为后续分析提供逻辑基础；最后，提出研究内容、方法与创新点，构建“问题提出—理论分析—实证检验—政策优化”的研究框架，旨在为财政支农政策的精准施策与效率提升提供科学依据。

第一节 研究背景与意义

一、研究背景

贫困是一种与人类社会发展进程相伴相生的现象，至今依然困扰着许多发展中国家。根据世界银行统计，全球40%以上的穷人生活在受冲突和暴力影响的经济体中。2015年9月，联合国可持续发展峰会通过了《改变我们的世界：2030年可持续发展议程》，其中将2030年前消除一切形式的贫困作为目标之一。一直以来，中国长期致力于缓解和消除贫困，积极探索中国特色的减贫道路，并于2020年顺利实现了现行标准下农村贫困人口全部脱贫的目标。尽管绝对贫困得以消除，但其剩余长尾效应导致农村相对贫困仍将大面积存在（邢成举，2020）[1]。此外，全球经济下行压力加大，贸易保护主义抬头，导致就业机会减少、收入下降，低收入人群首当其冲，农产品价格波动、生产资料价格上涨等市场风险，也进一步侵蚀其生计资本，现有的社会福利无法覆盖他们骤减的收入，这些因素均加剧了返贫的可能（周迪等，2022）[2]。对于全世界人类来说，持续减贫仍是要面对的长期议题。在这一背景下，2025年中央一号文件提出要统筹建立农村防止返贫致贫机制和低收入人口、欠发达地区分层分类帮扶制度，开展巩固拓展脱贫攻坚成果同乡村振兴有效衔接总体评估，研究制定过渡期后帮扶政策体系。而相对贫困治理正是与乡村振兴战略、低收入人口常态化帮扶等政策体系相衔接，实现反贫困治理的新突破。

关于贫困指标的选择随着社会对贫困的认知经历了一系列变化，最早的绝对贫困的衡量指标通常是以收入为依据。从新中国成立以来，中国的贫困线依据居民的收入水平进行了多次调整，共采用了三个农村贫困线。首先是改革开放初期的1978年，根据当时每人每年100元，即为能达到勉强果腹的贫困标准，此时中国农村的贫困发生率为30.7%。然后是在2008年，国家统计局提出了能满足基本温饱和穿衣需求的低收入贫困线，为每人每年1196元，此时贫困发生率变为10.2%。2011年，中央决定将农民人均纯收入2300元（2010年不变价）作为新的国家扶贫标准，这基本达到了联合国千年发展目标中消除极端贫穷和饥饿的要求。按此标准，全国贫困人口数量和覆盖面也扩大至1.28亿人，占农村总人口的13.4%。而众多文献也是从收入水平、贫困人口数、贫困发生率作为衡量绝对贫困的指标。从图1.1可以看出，在2010年标准下贫困规模和贫困发生率下降速度最快，说明此时随着各地区扶贫开发政策因地制宜的有效实施，中国在全面脱贫的道路上一直在稳步前进。

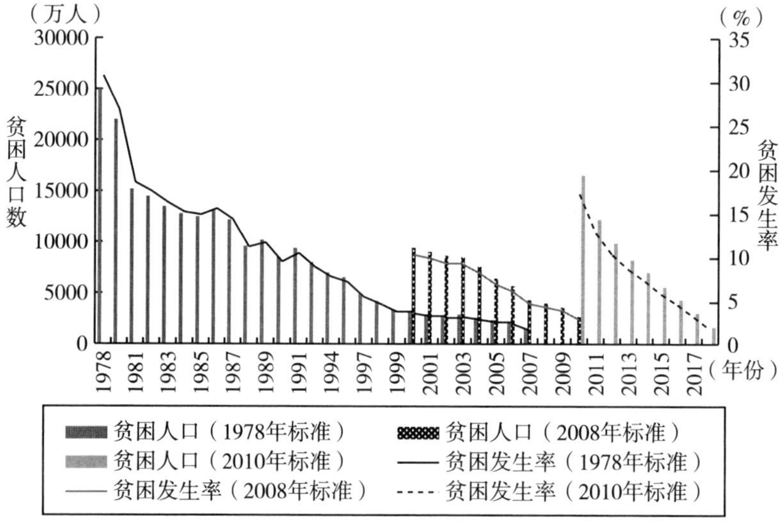

图1.1　1978年以来不同贫困标准下我国的贫困人口数及贫困发生率

资料来源：历年《中国统计年鉴》。

2010年以前，扶贫政策目标是满足基本生存需求，解决单一的收入贫困群体，此时绝对贫困率下降只是一种贫困缩小的表象，具有客观性，集中表现为物资匮乏的生存压力。后来，随着贫困内涵的不断丰富，学者们考虑到人口基数的增加和生活水平的上升，单纯的居民收入增加以及贫困发生率的下降并不一定意味着贫困状况的真正改善，此类贫困指标略显粗糙，扶贫要做到精准，贫困瞄准必须要转向多维的福利维度，它能够更加凸显健康、教育和医疗对长期贫困不可忽视的影响。由此贫困衡量标准向多维转换，学者们继而提出了 Sen 指数、SST 指数、FGT 指数等一系列综合性贫困指数，这提供了更加丰富的视角，有利于人们更好地理解贫困的内涵。值得注意的是，早在 2020 年之前，国内一些经济发展水平较高、提前完成脱贫任务的地区已经开展了治理相对贫困的实践探索，并在政策文件中有所体现。例如，依据贫困线划定（浙江省），或按照收入比例（青岛市），或结合国家贫困标准和地区人均收入（江苏省），还有通过认定相对贫困村、经济薄弱村进行帮扶（广东省）等。同时，除国际上常见的中位收入比例法评定相对贫困外，众多学者也从不同的角度对我国相对贫困进行研究（刘愿理等，2020）[3]。我国在相对贫困的探索和治理当中，应把握新时期相对贫困的两大核心内涵，即收入不平等和分配不均，将帮扶重点转移到收入较低、抵抗风险能力差的个人和家庭中去，达到巩固拓展脱贫攻坚成果与乡村振兴有效衔接的政策目标。

随着人类历史的进程，贫困的内涵和外延在不断发展，为了与这种动态变化以及反贫困实践相适应，减贫战略的重点也必须进行相应调整。改革开放至今，中国扶贫政策经历了 4 个演变阶段——体制改革推进扶贫的区域开发阶段（1978—1985 年）、大规模开发式扶贫攻坚阶段（1986—2000 年）、整村推进式扶贫阶段（2001—2012 年）、精准扶贫阶段（2013—2020 年）和衔接乡村振兴阶段（2017 年至今），具体历程见图 1.2。中国扶贫事业起步于农村减贫，最早也是最容易考虑的是物质资本的匮乏对贫困的影响，这一时期的减贫战略重点放在对基础设施的投资上，力求农业扶贫开发，以及对连片贫困地区的帮扶计划。党的十八大以来，在前期扶贫攻坚的基础上，进行精准扶贫，作为决胜全面建成小康社会的攻坚战之一，纳入“五位一体”总体布局和“四个全面”战略布局，全面打响脱贫攻坚战。随着人们对贫困认知的不断深入，逐渐发现，教育程度、医疗保障的缺失，将会导致贫困代际传递作用明显（阙祥才和舒黎，2017）[4]，贫困更来自人力资本的匮乏及对人力资本投资的过分轻视（王亚芬等，2022）[5]，因此，在党中央的统一领导部署下，必须集中动员全社会力量，强化到村到户到人精准帮扶举措，补齐贫困地区基础设施短板，由此针对多维贫困的“两不愁、三保障”政策、“精准扶贫”思想等应运而生。

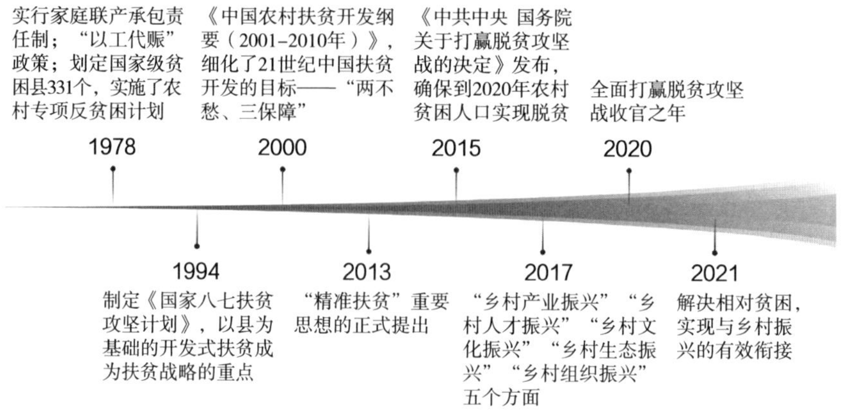

图 1.2　中国扶贫政策演变

自 2004 年起，中央连续多年发布的以“三农”为主题的中央一号文件中，均肯定了财政支农杠杆在农民增收中的作用，力求促进财政支农和乡村振兴战略之间的有效互动，提高支农效率，进而增加农民收入（黄寿峰，2016）[6]。政府通过财政支出对贫困地区进行资金扶持，包括“输血式”的瞄准贫困人口的精准补贴支出以及“造血式”的普惠性农业及农村政策，是研究的热点问题。其中，在财政支农政策的减贫方面，众多学者分别从财政支出结构（王娟和张克中，2012）[7]、效率损失（赖玥和成天柱，2014）[8]、空间异质性（龚维进等，2018）[9]等方面均验证了财政政策对于提高农民收入，降低贫困方面的积极作用。虽然财政扶贫投入能够产生一定的减贫绩效，对农村贫困人口收入的增加有所帮助，但政府不能仅单纯地寄希望于资源投入的增加。近几年对于财政资金违规滥用，贪污腐败的案例屡见不鲜，引发了人们对财政扶贫资金使用效率的质疑，已有大量文献证实了发展效率偏低以及单位要素的投入产出比不高是贫困问题产生的根本原因（洪名勇等，2017）[10]。因此，政府扶贫资金的减贫绩效的呼声更是日益高涨，也是本书研究的一个重点问题。

在现有的文献中，针对农村贫困度量以及反贫困政策的方法有多种（单德朋和王英，2022）[11]，依托于每种方法的研究优势，我们能够更好地对本书的主题进行全面剖析。一方面，针对农村贫困的度量方法随着对贫困的理解而发生改变，在一开始消灭绝对贫困阶段，贫困的度量聚焦于贫困发生率的计算，可以通过收入水平低于贫困线来衡量；随着对贫困的不断认知，借鉴于 Sen 的思想，每一个贫困指数都应该包含三个组成部分：贫困发生率、贫困程度和穷人之间不平等程度，众多学者通过不同的测量方法，将贫困衡量范围扩大，使其包含贫困差距，以及贫困中的收入不平等。例如，SST 指数及基于 SST 后改造的 Kakwani 指数群、Shorrocks 指数等，甚至由 Weymark 引入的 S－Gini 指数，考虑到将基尼系数这一社会福利视角引入贫困度的衡量中。在现如今的形势下，最重要的是相对贫困的度量，由于我国在 2011 年之后再未公布新的贫困线，因此，众多学者参考我国农村收入现状，也从不同的方面提出了相对贫困的测量方法，其中最主要的就是相对贫困线的设定，例如将城乡、沿海—非沿海分设不同贫困线（孙久文和夏添，2019）[12]，或者按照人均纯收入规模的百分比（解垩和李敏，2020）[13]等设置。对于相对贫困的度量工具，FGT 贫困指数由于能够更好地刻画贫困人口内部状态，成为众多研究中度量相对贫困方法的首选（赵磊和吴媛，2018）[14]。另一方面，面板数据模型一直以来频繁地出现在各领域的政策研究中，例如交互效应面板数据模型将传统面板中的个体和时间效应交互引入，可以刻画出可能的隐性共同因子和区组效应（Bai，2009）[15]。而对面板数据模型的变系数变换也成为研究的热点（唐礼智和刘玉，2018）[16]，在此基础上引申的分层线性变参数模型（张旭和石磊，2010）[17]，以及考虑到时变特征的技术效率测算等（胡晨沛等，2021）[18]，都能够在财政支农支出减贫影响效应上进行运用。

综上所述，本书立足开展巩固拓展脱贫攻坚成果同乡村振兴有效衔接的现实背景，从农村贫困度适用性研究出发，聚焦中国财政支农支出减贫效应问题。相比已有研究，本书首先构建一个涉及反贫困理论、财政支农支出直接与间接减贫路径以及财政减贫效率的理论分析框架。其次基于 FGT 贫困指数，构建能够反映贫困广度、贫困深度和贫困强度等贫困度指标体系，进行贫困测量。再次引入交互固定效应、分层线性模型和随机前沿生产函数对财政支农支出的减贫效应进行研究。最后在乡村振兴背景下，从财政支农支出角度夯实贫困治理成果提供对策建议。

二、研究意义

从绝对贫困的消除到治理相对贫困，不仅体现在贫困标准由单纯的生存需求转向发展型需求，更要求国家在政策水平和治理能力上的延续，通过借鉴解决绝对贫困的经验，建立相对贫困治理的新战略具有重要的理论意义与现实意义。

本书的理论意义在于：一是构建财政支农支出通过各种补贴政策对农村贫困人口进行“输血式”直接扶贫，构筑农村低保补助、救济费等社会保障支出作为农村社会救助体系中兜底的安全网。二是构建财政支农支出通过经济增长、收入分配以及城镇化等的“造血式”间接减贫的理论分析框架，弥补财政支农支出减贫路径理论的研究不足。三是在减贫技术效率测算的基础上，立足政策、经济、社会等多维视角，探索影响财政支农支出减贫效率及其影响因素，丰富减贫的研究视角。

参考借鉴消除绝对贫困的经验做法也具有重要的现实意义。一方面，相对贫困与绝对贫困存在一定共性，均反映了在生产过程中劳动者的物质生活状态走向恶化。另一方面，在贫困治理问题上，可借鉴绝对贫困的相关经验和相对成熟的理论、方法和思路等，建立相对贫困治理的新战略，例如坚持党和政府的主导地位、依托于政府、市场和社会的关系，加大扶贫资源管理等，这些均可以作为阻断农村相对贫困代际传递的指导手段。

第二节　概念界定

一、贫困相关概念界定

（一）绝对贫困

绝对贫困概念强调生存可能性，主要是指部分社会个体难以保证基本的温饱实现，缺乏条件或机会进行简单社会再生产从而导致生存困难的情况（吴国宝等，2010）[19]，英国学者朗特里 1901 年在其著作《贫困：对城市生活的研究》中，定义收入贫困概念，很快被世界其他国家和地区所接受。这时候早期的贫困指的是单一贫困，即单纯从经济意义上的贫困。意味着个人或家庭总收入不能够维持其最基本的生活需求，或者消费的不足。一般情况下，当个人或者家庭的收入低于某个设定的合理最低标准，可以认定其为贫困状态。比如，基于恩格尔法则，伴随着社会的发展，居民收入水平不断提高，则居民用于食品的支出在收入中的占比会逐渐趋向下降。后来，随着经济学界和社会上对贫困理论的不断刷新，世界银行、联合国开发计划署等国际组织将人类的发展与贫困内涵进行联系。例如在 1997 年的《人类发展报告》中，将贫困与福利联系在一起，认为贫困是对人类发展自由的剥夺，包括获得知识的权力、应有的尊严以及体面的生活等。由此贫困开始引申到多角度、全方位的定义上。学者们注意到由于福利实现的非对称收入效用，收入水平并不完全与福利实现对等，从而将贫困的概念进一步引申到从福利、能力、尊严、社会参与等非经济因素界定贫困。早在 1970 年，阿玛蒂亚·森就提出，人类若缺乏创造收入的能力和机会，就意味着其正常生活的能力缺失，这是造成贫困的根源。他认为，从能力剥夺的视角认识贫困更具有政策意义，原因一是贫困者能力被剥夺更容易被识别，更能关注被剥夺的实质；二是收入不是反映能力的唯一工具，之所以出现贫困，是因为贫困者还有其他存在能力剥夺的可能，这有助于更完整地理解贫困的出现；三是收入与能力之间的映射，存在较多的可变性与现实途径，这使贫困表现出一定的异质性，而能力贫困更便于将异质性显现出来。因此“由于机会或能力缺失而导致的福利水平相对较低”开始成为对贫困这一概念的重要解读。

2000 年之后，《人类发展报告》开始聚焦于狭义上的收入型贫困和低福利水平的贫困的区别，将研究视角扩大到全人类的发展视野中，提出了超越收入维度而涵盖健康营养、教育技能、谋生手段、居住条件、社会排斥与社会参与等为一体的多维贫困概念，指出人类正常的生活需求应包含有享受健康、体面的生活、有尊严且能够尊重他人的生活权力。贫困维度之间的关系不是线性的，而是周期性的。例如，缺乏收入可能导致物资匮乏、社会资本损失、经济资源缺乏等，而这反过来又可能加剧经济匮乏和其他方面的问题。贫困层面的相互联系和强化性质使贫困变得复杂。虽然健康贫困维度未包含在图表中，但它也与其他贫困维度相互关联，并由其他贫困维度强化（Blessing 和 Noor，2020）[20]。例如，在中国，健康不良是其他贫困层面的根本原因之一（Chen 和 Pan，2019）[21]。与此同时，在美国，健康贫困主要归因于金融、经济和物质贫困。这个观点的提出将贫困焦点转移到人的可行性能力中去，且首次对女性群体以及性别带来的收入分配差距，是传统收入型贫困理论的一次改革性超越，因此很快就被国际社会所认可，并应用于贫困衡量与分析中，成为各国制定反贫困政策的理论基础。

（二）相对贫困

贫困的绝对性有助于贫困分析人员了解贫困的严重程度，而贫困的相对性有助于理解特定社会中贫困的性质，因为它是在该社会的“生活方式”空间中产生的。Goldsmith（1996）[22]、Clarke 等（2003）[23]认为，贫困不应该也不能够仅仅考虑基本生活维持，其更多的应该是一种社会收入分布曲线中的位置性描述，即收入低于社会大多数，由此逐渐形成了相对贫困的概念。通俗来说，即指在一定社会生产方式和生活方式下，个人或者家庭通过劳动或其他合法收入，尽管吃、穿、住等基本需求基本解决，简单再生产能够维持，但基本生活水平仍低于社会公认水准，居民个人或者家庭的收入没有办法满足教育、医疗或者其他社会基本需求的保障，扩大再生产的能力缺乏或很弱（霍萱和林闽钢，2018）[24]。

如果我们将绝对贫困线视为反映固定水平的物质福利，而相对贫困线则随着国家的增长而增值，即相对贫困不具有固定衡量标准，相对贫困线随社会发展状况而调整，与该国的总体收入水平明确相关。其中的原因有两点：一方面，是相对贫困区别于绝对贫困的客观性，其是以社会平均水平或其他参照而得到的一种相对主观剥夺感，能反映复杂多面的社会现象。另一方面，相对贫困是伴随着社会经济发展变化而产生的，根本上属于社会结构失衡，即他们所能享受的社会资源、福利水平与整个的社会经济发展水平不匹配，这就造成相对贫困人口被排除在平均生活水平之外。因此，只要一个社会居民之间存在着收入差距，存在收入相对较低的阶层，就存在着贫困，这种贫困是没有办法消除的。如果整个社会的收入水平提高，则该相对贫困线也会相应提高。

二、财政支农支出概念界定

财政支农支出也称农业财政支出、财政农业支出，是政府为了实现经济发展的阶段性目标，在对各经济参与方利益的权衡下，通过财政杠杆实施，采用资金注入方式支持农业发展。从统计口径上讲，财政支农支出通常有大、中、小口径之分。其中小口径的财政支农支出包括支援农村生产支出和农林水利气象等部门的事业费，即通常说的“两类资金”。其中支援农村生产支出的项目主要包括小型农田水利和水土保持补助费、支援农林生产组织资金、农村农技推广和植保补助费、农村造林和林木保护补助费、农村水产补助费以及发展粮食生产专项资金等。农林水利气象等部门的事业费主要包括江河治理费，水利设施补助费，飞机播种造林种草补助费，农业科教和技术推广费，森林、农作物、草原、畜禽保护费，特大抗旱、防汛费等。在小口径的基础上加上农业基本建设支出、农业科技三项费用以及农村救济费，就构成了按中口径计算的财政支农支出。在中口径基础上，财政通过其他间接渠道对农业实施的支援与补助，如价格支持、营销贷款、种子肥料灌溉等投入补贴、减免农业税以及某些有补贴的贷款计划等，就构成了按大口径计算的财政支农支出（王秋苏，2018）[25]。图 1.3 为财政支农支出的口径分类图。自 2007 年开始，国家统计局不再报告分项的财政支农支出，将财政支农支出统一口径为财政农林水事务支出，包括农业支出、林业支出、水利支出、扶贫支出、农业综合开发支出等。

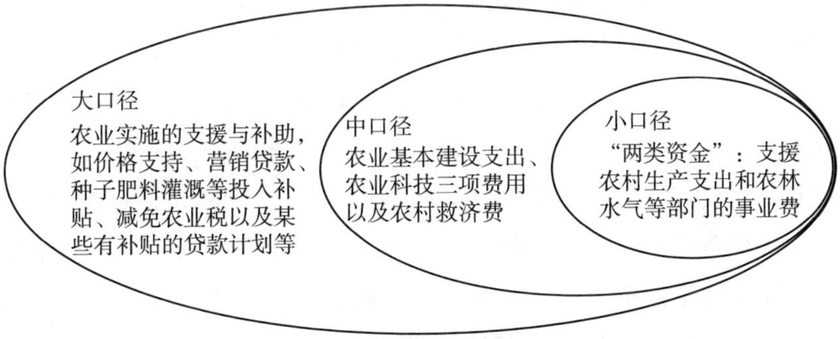

图 1.3　财政支农支出口径

第三节 研究内容

本书借鉴解决绝对贫困的经验，聚焦中国财政支农支出减贫效应问题，以期建立相对贫困治理的新战略。本书首先对涉及的贫困与财政支农支出的概念及理论进行阐述，并进行相关文献综述与评价，其次基于FGT贫困指数，构建能够反映贫困广度、贫困深度和贫困强度等贫困度指标体系，进行相对贫困测量。再次基于财政支农支出直接与间接减贫路径以及财政减贫效率的理论分析框架，引入交互效应面板模型、分层线性模型和随机前沿生产函数对财政支农支出的减贫效应进行研究。最后在乡村振兴背景下，从财政支农支出角度夯实贫困治理成果提供对策建议。本书包括八章内容：

第一章是绪论。研究包括五个部分：①研究背景及研究意义。中国在2020年率先消除绝对贫困，2020年后，虽然按照现行标准衡量的绝对贫困基本消除，但相对贫困现象仍将长期广泛存在，分析绝对贫困的治理成果对缓解相对贫困具有重要作用与研究意义。②概念界定。对贫困、财政支农支出进行界定。③研究内容。阐述每一章的主要内容。④研究思路及方法。通过绘制技术路线图厘清本书的研究思路。⑤创新之处。阐述本书的创新之处。

第二章是相关文献综述。围绕本书的研究内容，旨在对现有文献进行归纳总结，丰富自身研究。综述包含五个部分：①贫困的衡量及特征，对衡量绝对和相对贫困、贫困自身的区域差异特征进行论述。②财政支农支出的直接减贫效应研究论述。③财政支农支出的间接减贫效应研究论述，从经济增长和收入分配两方面入手。④财政支农支出减贫效率论述，分别从效率评价方法、评价工具及财政效率方面入手论述。⑤对现有文献进行述评，以此丰富自身研究。

第三章是基本研究理论与路径分析。本章旨在构建财政支农支出减贫的理论分析框架，为研究财政减贫奠定理论基础。研究包括四个部分：①相对贫困的基本理论，包含其形成原因、特征以及正确理解从绝对到相对的过渡。②理论分析框架。不仅从贫困理论、反贫困理论以及世界经验介绍进行列举，还对所使用的实证模型进行原理解析。③阐述了财政支农支出的直接与间接减贫的影响路径以及财政支农支出减贫效率。④本章小结。根据本章的研究内容，提炼本章主要结论。

第四章是我国农村相对贫困的指标测度及分析。我国的农村贫困发生率数据可以在相关统计年鉴得到，但仅仅依靠该数据无法反映我国农村贫困的具体状况。研究包括三个部分：①选择 FGT 贫困指数作为测量我国农村贫困的方法，其优点在于能够包含贫困发生率、贫困深度、贫困强度三项贫困测度指标，对深度贫困人群灵活赋予权重，探究贫困内部深层原因。②针对得到的贫困分解数据，根据我国各地区特点进行区域差异与收敛性分析。③本章小结。根据本章的研究内容，提炼本章主要结论。

第五章是财政支农支出的“输血式”直接减贫效应分析。政府通过财政资金扶持，有针对性地帮助收入低于标准线人群，这在一定程度上提高贫穷人口的实际收入水平，在短期内能够有效缓解农村贫困，是直接减贫效应最有效的方法。研究包括三个部分：①对实证分析所用到的交互效应模型进行选择与设定。②实证研究财政支农支出的直接减贫路径，同时对减贫效应进行区域差异分析。③本章小结。根据本章的研究内容，提炼本章主要结论。

第六章是财政支农支出的“造血式”间接减贫效应分析。近年来我国扶贫开发工作逐步从单纯实施经济援助的“输血式”扶贫转为依靠财政支出，提高经济增长的“造血式”扶贫，以从根本上阻断农村贫困代际传递。本章引入分层线性模型探究相对贫困的影响因素，将城镇化水平作为衡量地区差异的层 -2 解释变量，通过理论与实证均验证了城镇化在减贫过程中发挥着调节中介作用。研究包括三个部分：①对实证分析所用到的分层线性模型进行选择与设定。②将财政支农支出以及其他间接影响因素变量作为层 -1 变量，城镇化作为层 -2 变量探究财政支农支出间接减贫效应及区域差异分析。③本章小结。根据本章的研究内容，提炼本章主要结论。

第七章是效率视角下的财政支农支出减贫效应研究。财政扶贫机制的包容性应该体现为既要达到显著的财政减贫效果，又要有较好的减贫效率。研究包括三个部分：①对随机前沿生产函数进行模型设定与说明。②对财政支农支出减贫效率进行测算，以及从政策、经济以及社会影响方面，对减贫效率影响因素全方位探究。③本章小结。根据本章的研究内容，提炼本章主要结论。

第八章是结论、对策与展望。本章旨在总结本书的研究结论，并且为未来解决相对贫困问题提供对策建议，同时指出本书的研究不足与未来展望。研究包括三个部分：①主要结论。根据本书的研究内容，提炼本书的主要结论。②对策建议。③不足与展望。阐述本书的研究不足，并且指出未来继续研究方向。

本书技术路线如图 1.4 所示。

第四节　研究方法

本书在研究过程中，采用的研究方法主要有以下四个：

第一，FGT 贫困指数。FGT 贫困指数能够包含贫困发生率、贫困深度、贫困强度三项贫困测度指标，利用等级依赖赋权思想，对深度贫困人群灵活赋予权重，探究贫困内部深层次差距和不平等原因。

第二，具有交互效应的面板数据模型。面板数据模型就是针对时间序列与横截面混合数据进行建模和估计的一种计量经济学方法，其中交互效应面板数据模型又是近年来面板数据模型的一个重要的发展。面板数据模型中时间效应与个体效应是以加法形式引入的，即采用 $\lambda_i + F_t$ 的形式，这样引入的一个缺陷是假定了各个个体对于共同冲击 F_t 的反应是一致的，或者个体效应 λ_i 对于 y_{it} 的边际影响是不随时间变化的。但这样的约束在现实社会经济体系中并不一定成立。交互效应面板数据

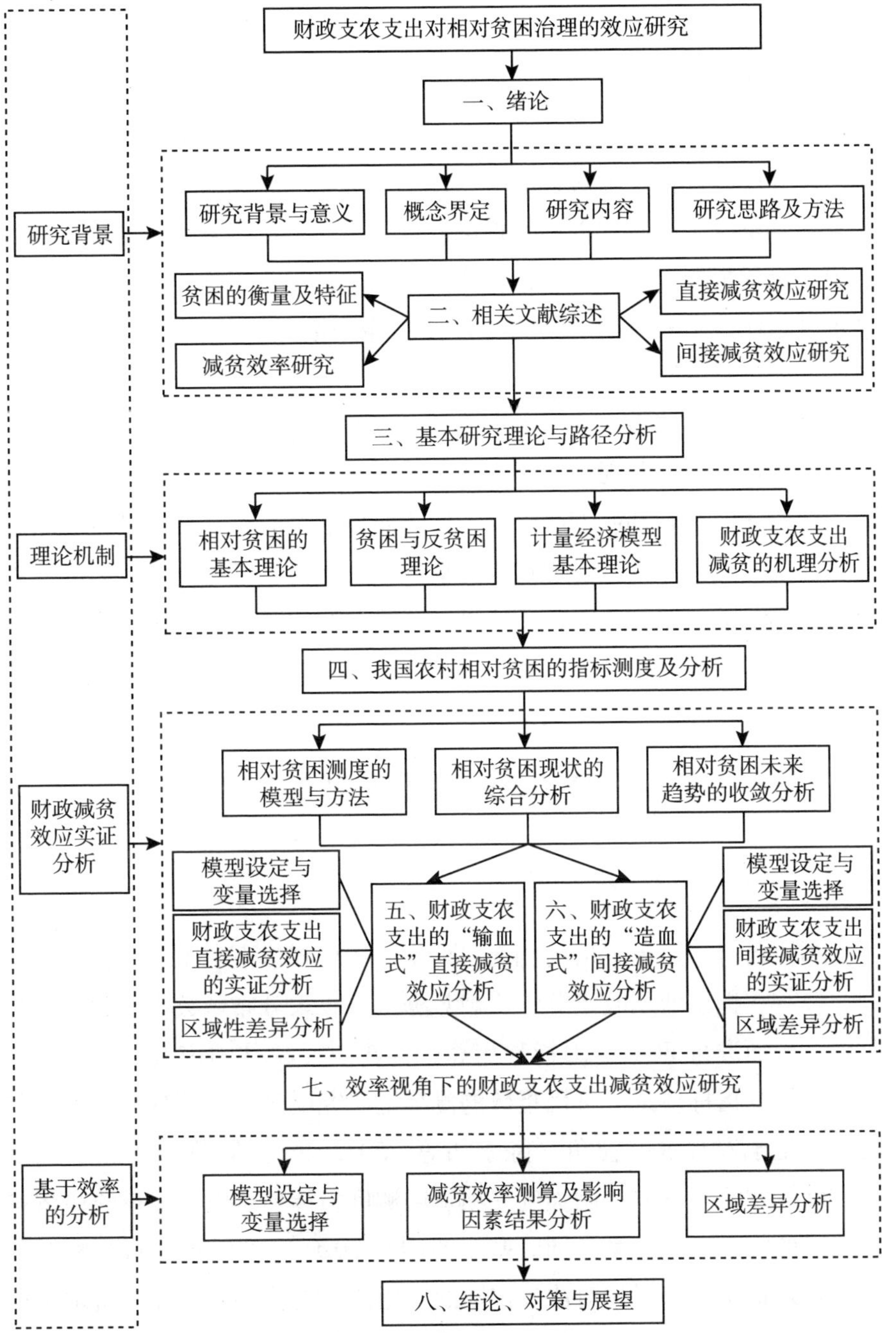
财政支农支出对相对贫困治理的效应研究
一、绪论
研究背景
研究背景与意义
概念界定
研究内容
研究思路及方法
贫困的衡量及特征
二、相关文献综述
直接减贫效应研究
减贫效率研究
间接减贫效应研究
三、基本研究理论与路径分析
理论机制
相对贫困的基本理论
贫困与反贫困理论
计量经济模型基本理论
财政支农支出减贫的机理分析
四、我国农村相对贫困的指标测度及分析
财政减贫效应实证分析
相对贫困测度的模型与方法
相对贫困现状的综合分析
相对贫困未来趋势的收敛分析
模型设定与变量选择
财政支农支出直接减贫效应的实证分析
区域性差异分析
五、财政支农支出的“输血式”直接减贫效应分析
六、财政支农支出的“造血式”间接减贫效应分析
模型设定与变量选择
财政支农支出间接减贫效应的实证分析
区域差异分析
七、效率视角下的财政支农支出减贫效应研究
基于效率的分析
模型设定与变量选择
减贫效率测算及影响因素结果分析
区域差异分析
八、结论、对策与展望

图 1.4 技术路线图

模型反映了共同因子对不同个体的效应差异以 $\lambda_i \times F_t$ 形式引入模型。

第三，分层线性面板数据模型。分层模型可看作变参数面板数据模型的一类改进与推广。分层线性模型是针对传统回归分析只能分析单一层次数据结构，在分析具有多层（嵌套）数据结构时存在的缺陷而提出的。分层线性模型通过建立分层回归方程组，将误差分解为各层次的误差项，解决了随机误差独立性的问题，因此可以探索不同层面自变量对因变量的影响以及不同层面自变量之间的跨层交互作用。而变系数模型也可当作一个具有两层结构的分层数据模型，横截面上还存在变化的结构可视为层 -2 变量。

第四，随机前沿方法（Stochastic Frontier Approach，SFA）。SFA 充分考虑了随机误差和无效率因素对效率的影响，并且使用 Cobb - Douglas 生产函数、Translog 生产函数等构建面板数据前沿函数，其估计结果可进行统计检验和推断。通过极大似然估计方法，随机前沿分析方法不仅可完成技术效率的测算，还能进一步给出影响减贫效率的因素。

第五节　创新之处

相比已有研究，本书的创新之处主要体现在以下四个方面：

第一，提出使用收入分组宏观数据进行收入分布函数类型和参数的估计，进而进行 FGT 贫困指数测算，构建出反映贫困广度、贫困深度和贫困强度指标体系。贫困指数的测算是研究反贫困政策效果的重要前提，立足于宏观数据视角（陈永伟等，2022）[26]，借助 FGT 指数的贫困广度、贫困深度和贫困强度三项贫困测度指标，可以形成反映整体贫困状况的综合评价体系。同时基于我国在 2020 年以后建立解决相对贫困的长效机制，选择相对法确定新的贫困线，对我国农村相对贫困进行估计。经研究发现，从全国整体上看，我国的农村贫困广度、贫困深度和贫困强度基本呈现出一致性的下降趋势。说明在样本期内，中国各地区农村贫困发生的广度显著被遏制，极端贫困人口的收入状况改善明显，最终使农村贫困人口内部的收入不平等程度在整体上也有所降低，贫困规模得到了有效控制，同时各省相对贫困指标自东向西逐渐递增，西部地区减贫提升空间巨大。

第二，提出引入交互固定效应刻画众多不可观测异质性影响，其中潜在的隐性共同因子可以契合财政支农支出小、中和大口径的变化，使计算出的财政支农支出直接减贫效应较好地消除混杂因子带来的影响，财政减贫政策效应的评价更加精准。在本书财政支农支出的衡量过程中，基于目前国家统计局年鉴数据的可得性，仅能得到财政对农林水事务支出数据，部分不可观测到的财政支农数据对被解释变量的影响却不可忽视。若将不可观测部分的财政支农支出作为隐性共同因子，与时间效应组成交互项引入，能够弥补因控制变量选取任意性而带来的财政支农减贫效应估计混杂和不准确问题，消除各种不可观测因素的混杂影响，由此引出交互效应面板数据模型在研究财政支农支出直接减贫效应的适用性。因此，本书基于交互效应面板数据模型，研究结果表明，财政支农支出对贫困广度、贫困深度和贫困强度具有显著的抑制作用，“输血式”直接减贫效应显著。此外，交互效应模型因子分析也表明总体上来看各个省份对财政支农支出中隐性共同因子冲击存在较大的地区差异，反应最强烈的是北京和上海，均位于东部地区，因此，经济发达的省份对于共同冲击的反应更为强烈。

第三，提出用分层线性模型进行间接减贫效应分析，发现财政支农支出与农村减贫之间可能存在的中介和调节中介作用机理，得出现阶段我国新型城镇化在财政支农支出减贫过程中起到的负向调节作用。带分层变参数面板数据模型是计量经济中有效的变参数模型形式之一，对诸如中介效应和调节效应有比较完整的理论表达和实际解释。尤其可以探索不同层面自变量对因变量的影响以及不同层面自变量之间的跨层交互作用。研究表明，我国各省农村贫困状况具有显著的区域结构性分布，各省农村贫困广度、贫困深度、贫困强度中分别约有 30.7%、67.2%以及 61.8%的变异是由省份之间的差异造成的。因此，在研究我国相对贫困的影响因素中，考虑使用能够区分组间与组内差异的分层线性模型具有较强的说服能力。基于分层线性模型，研究发现我国目前实施的财政支农支出减贫，一方面来源于通过经济增长、调节收入分配和产业结构升级进行的间接减贫效应，另一方面来源于其与城镇化水平的调节效应。值得注意的是，城镇化水平作为中介调节变量，带来的负面效应抑制了财政支农支出在减贫方面的效果，这为此后相对贫困的治理提供政策建议。

第四，提出在传统减贫效应分析基础上同时考虑减贫效率的可能性，利用随机前沿曲面进行了财政支农支出减贫效率测算和影响因素分析，得出我国财政支农支出对减贫技术效率呈现“U”形特征的结论。研究财政支农支出减贫效应过程中，不应忽视减贫效率问题。基于随机前沿分析方法测算发现，我国财政减贫技术效率逐年增加，但总体减贫效率不高，表明在未来，提升减少相对贫困效率的空间巨大，且分别从三大地区来看，贫困广度、贫困深度和贫困强度的技术效率按照由东到西递减趋势排列。财政支农支出的减贫效率具有“U”形特征，在财政支农支出低于拐点值时，对提高减贫效率有抑制作用，超过拐点时，这种抑制效果逐渐减弱直至消失，能够促进减贫效率的提高，这在三大地区同样均有体现。且最终财政支农支出减贫效率评价值中，东部地区 > 西部地区 > 中部地区。此外，还肯定了教育、科技、产业结构升级以及医疗条件的改善对提高财政支农支出减贫效率的重要作用，为后续有针对性地提升减贫效率提供全方位视角。

第二章

相关文献综述

贫困问题作为全球性发展难题，长期以来受到学术界和政策制定者的广泛关注。本章围绕贫困的衡量标准、财政支农支出的制定者的广泛关注。本章围绕贫困的衡量标准、财政支农支出的减贫效应及其效率评价，系统梳理国内外相关研究成果。首先，从绝对贫困与相对贫困的界定入手，探讨贫困的多维特征及其动态不平衡性；其次，归纳财政支农支出通过直接资源转移和间接经济增长、收入分配渠道影响贫困的内在机制；最后，聚焦减贫效率的评估方法、工具及财政资源配置优化问题，为后续实证研究提供理论支撑与方法借鉴。通过文献综述，本章旨在厘清财政支农政策减贫的理论脉络与研究进展，揭示现有成果的共识与分歧，进一步明确本研究的学术定位与创新空间。

第一节　贫困的衡量及特征

一、绝对贫困的衡量

贫困线是用来衡量贫困群体的一个重要标准。世界银行对贫困的衡量为应享受的社会福利的缺失，基本生存需求被剥夺的状态。2022 年秋，世界银行使用 2017 年购买力平价（PPP）计算全球贫困数据，新的全球贫困线由目前的 1.90 美元上调至 2.15 美元。这是继 2020 年世界银行基于国际比较项目（ICP）2017 年收集的价格数据发布新一轮 PPP 之后采取的行动，这意味着每天生活费低于这一数额的人都被视为处于极端贫困之中。我国的官方贫困标准以生存型和低收入型为主（肖荣荣等，2018）[27]，在该贫困线下计算的贫困人口及贫困发生率为绝对贫困。在绝对贫困标准下，已有文献均表明改革开放以来的中国农村扶贫工作取得了巨大的减贫成就（罗楚亮，2010；鲜祖德等，2016）[28-29]。Appleton 等（2010）通过计算，发现在世界银行贫困线标准下，中国城市贫困比例从 1988 年到 2002 年均有所下降[30]。刘轶芳和罗文博（2013）根据不同贫困线计算贫困发生率，结果显示，在 2000 年前，我国贫困率处于飞速下降阶段，但之后农村中贫困缺口率增加，他们在享受经济发展带来的成果中处于劣势地位，减贫效应被显著削弱[31]。一些研究也质疑了官方贫困估计的可信度（Ravallion 和 Chen，2013；Gustafsson 和 Yue，2012）[32-33]。张全红和张建华（2010）在对贫困线下的贫困进行测量后，对 2008 年的贫困线标准产生质疑，认为其低估了中国农村的贫困程度[34]。陈宗胜等（2013）也赞同该结论，他们认为现阶段农村贫困发生率不断减少的现状，是一种贫困线保持不变产生的“表象”[35]。随着贫困内涵的不断丰富，人们也意识到，这种通过纯收入或者消费指标衡量贫困具有片面性，需要更多地从多维角度进行考量（康锋莉，2018）[36]。

二、相对贫困的衡量

随着绝对贫困的消除，复杂的相对贫困问题成为当前重要的政策话语和学术议题。考察相对贫困，最重要的一点是测量相对贫困线的方法（Maria 和Ştefan，2015）[37]。Zheng（2001）将相对贫困线定义为平均收入的百分比和分位数的百分比，这种具有相对贫困线的贫困指数估计值是渐近正态分布的，协方差结构是一致的[38]。国内方面，左停和李世雄（2020）认为相对贫困的表现形式不仅在于收入低于社会平均和中位数，还包含特殊群体的贫困、不合理支出过量、城乡流动性和风险冲击带来的暂时性贫困等[39]。早在2020年之前，国内一些经济发展水平较高、提前完成脱贫任务的地区已经开展了治理相对贫困的实践探索，并在政策文件中有所体现。例如，浙江省依据贫困线划定，青岛市按照收入比例，江苏省结合国家贫困标准和地区人均收入，还有广东省通过认定相对贫困村、经济薄弱村进行帮扶。同时，除国际上常见的中位收入比例法评定相对贫困外，众多学者也从不同的角度对我国相对贫困进行研究。叶兴庆和殷浩栋（2019）认为，中国2020年后应按中位收入比例法制定相对贫困线[40]。沈扬扬和李实等（2020）认为在城乡差距较大的阶段使用“城乡一条相对贫困线”相对贫困标准，则八成以上贫困人口仍分布在农村，弱化了城镇贫困的重要性。建议分城乡设置相对贫困标准，并将相对贫困标准设定为（分城乡）居民中位收入的40%[41]。孙久文和夏添（2019）提出，中国2020年后建议采取分区域、分时段设立不同的相对贫困线方法[12]。孙炜红等（2022）认为我国相对贫困分布的区域集中程度上升，相对贫困发生率呈现从高水平分散向低水平集中转变的特征。因此，重视城乡、区域之间的差异，因地制宜精准施策是相对贫困治理的重点[42]。这些研究都为相对贫困的治理奠定了基础。王芳和曾令秋（2022）认为2021—2025年我国相对贫困标准可设定为人均可支配收入的26.82%或人均可支配收入中位数的31.35%，约为8634元，但考虑到假设前提的严格限定，实践中的相对贫困标准制定可在此基础上适当提高[43]。

三、贫困自身的不平衡特征

近几年越来越多学者认识到对于农村贫困的研究不能简单地完成一个线性关系，还需要结合区域、地理、经济等外部环境综合来看。由于中国地域辽阔，各地区在资源禀赋、技术水平上存在较大差异，导致各省份的经济发展程度、居民收入水平不同。因此，贫困人口呈现出不平衡的空间分布特征。Tong 和 Kim（2019）通过调查，认为高度贫困的地区已经在空间上延伸，而且社区贫困的变化在很大程度上是由财富聚集和其他空间显性过程决定的[44]。从中国的各地区来看，对于贫困的程度以及持续时间，农村地区都要高于城市地区，经济发展水平较低的中西部地区要高于东部和东北部地区（张全红等，2017；龚维进等，2018）[45,9]，贫困分布呈现典型的“穷—穷”集聚特征，这也从贫困角度验证了中国区域发展的不平衡（傅鹏等，2018）[46]。林伯强（2005）首先注意到并且提出大部分研究均忽略的一个事实，即在不同地区不同类型的投资政策可能有着截然不同的减贫效果，从省级层面研究贫困问题对制定平衡地区发展的政策具有重要意义[47]。李盛基等（2016）[48]、刘建民等（2018）[49]测算了我国财政教育支出、财政农业支出以及农村救济支出对农村减贫的空间关联影响效应，认为应树立区域协同治理理念，实施区域梯度推进策略。

第二节 财政支农支出直接减贫效应研究

财政支出的直接减贫主要是面向贫困居民的具有全福利性质的公共转移支付项目，通过建立最低生活保障制度，比如为贫困人群发放低保资金，提供社会保险、社会补助等公共服务，对农村贫困，尤其是收入贫困的群体进行帮助（陈国强等，2018）[50]，该类项目对贫困问题的解决具有较好的瞄准性，可以极大提高减贫效率（苏春红和谢垩，2015）[51]，注重的是直接对农民增收的效果。国外对政府转移支付的增收效果有诸多研究。Montalvo 和 Ravallion（2009）认为，政府救济能够通过消费加速贫困地区的产业发展，导致就业机会的增加与贫困的缓解[52]。Gertler 等（2012）认为现金转移可以通过对生产活动的投资实现消费的长期增长，从而使受益家庭能够获得更高的生活水平[53]。Nguyen（2013）认为养老金和社会津贴减少了越南的受众群体甚至全体人口的贫困，均验证了对贫困具有缓解作用[54]。

国内对于财政的公共转移支付项目的态度也分成了两极。支持派认为公共转移支付的减贫效应较为明显（陈鹏和李建贵，2018；田勇等，2019）[55-56]。郑晓冬等（2020）指出有条件的现金转移支付是中国现阶段可以重点考虑的、实现农村长效脱贫的一项政策工具，并且在欠发达的西部农村地区有显著的短期成效[57]。部分学者将转移支付进行分类验证，苏春红和解垩（2015）认为转移支付中的五保户补助、无保障老人补助、低保、特困户补助及退耕还林补助这些种类的政府转移支付对贫困的瞄准较好，其减贫效率相对较高[51]。王娟和张克中（2012）认为社会救济支出、基本建设支出和农业性公共支出对减贫存在显著效应[7]。李丹和李梦瑶（2020）支持了分类转移支付中的税收返还、一般性转移支付以及专项转移支付的减贫效果均较为明显[58]。这些研究均肯定了专项转移支付的减贫效果的优势，因此，今后的工作重点，应将这种支付方式的决策权更多地下放到基层政府中（赖玥和成天柱，2014）[8]。另一种观点则认为公共转移支付的减贫效应并不显著，如卢盛峰和卢洪友（2013）[59]、解垩（2017）[60]均认为公共转移支付对私人转移支付存在“挤出效应”，不利于减少贫困。也有一些学者认为现行财政转移支付政策不利于穷人，对贫困家庭也没能形成有效激励（刘穷志，2010）[61]。樊丽明和解垩（2014）更是认为无论对慢性贫困还是暂时性贫困，公共转移支付均没有任何影响[62]，而且在现实操作中往往存在“精英俘获”，深度贫困人口惠及较少（陈国强等，2018）[50]。在针对具体项目的研究中，苏春红和解垩（2015）对财政农业补助的研究[51]、徐超和李林木（2017）对城乡低保的研究[63]等均印证了这类观点。

第三节 财政支农支出间接减贫效应研究

财政支农支出的间接减贫也称为“造血式”减贫效应，其目标不仅是增加贫困者的收入或社会福利，而且是要支援和提升农业生产服务体系，通过激励农业生产提高收入水平。这一影响过程伴随着经济增长、产业结构升级、城镇化的间接作用而传递。

一、经济增长的间接作用

根据古典经济增长理论和内生经济增长理论：财政支农支出可以增加农业资本存量，提升农村人力资本，促进农业技术进步，提高全要素生产率，提高农业经济产出水平。而经济增长会通过资本积累为社会增加就业机会，保障公共服务供给，从而建立一个使社会群体公平享受福利的环境（Meng，2013）[64]，这种成果将会通过“涓滴效应”自动从高收入阶层向低收入阶层渗透，即优先发展起来的群体或地区通过消费、就业等带动贫困阶层收入的增加，改善社会整体福利水平。同时，市场会自发引导“涓滴效应”的完成，政府宏观调控政策也会加快这种效应的实现。吕诚伦和江海潮（2016）认为财政农业救济、农业其他支出对农业经济增长有独立直接效应，农业生产性支出、农业科技支出和农业基本建设支出对农业经济增长有溢出直接效应[65]。李盛基等（2014）通过对农村贫困理论和农村减贫因素的分析，探讨财政支出是如何促进经济增长以及缓解农村贫困的作用，结论是各类财政支出子项的减贫效果具有显著差异，同时农业增长的“涓滴效应”依然是减少农村贫困的主要动力[66]。

虽然经济增长带来一系列社会福利，但在目前阶段，世界经济发展仍是靠牺牲穷人的利益为代价的。世界上有些国家过度强调经济增长速度，却并没有带来社会整体的同步发展，以致经济增长过程中常伴随着高度的收入不平等和贫困陷阱，甚至是“贫困化增长”（文雁兵，2015）[67]。因此，必须从过去的单纯强调经济增长转而重视“益贫式增长”，这不仅要求经济发展成果更多地惠及穷人，更要重视增加贫困劳动者在经济活动中的参与度，合理分享经济增长成果，提高贫困群体收入水平（罗知，2011）[68]。王筱欣和蒋睿（2015）基于 PEGR 指标和省级面板数据分析了中国的益贫式增长状况，认为财政支农支出对于减少贫困人口数量的影响不显著，却有助于缓解贫困人口中的不平等程度[69]。陈菁等（2015）认为经济增长和人均财政收入增长对低收入群体的贡献率要大于贫困群体，即低收入群体更能从经济增长中受益[70]。

国外普遍认为经济增长具有显著的减贫效应。Montalvo 和 Ravallion（2009）认为中国经济的快速增长是贫困发生率大幅下降的直接原因，且第一部门（主要是农业）是减贫的主要动力[52]。Rozelle（1998）在对中国陕西省贫困县的调查发现，直接分配给农户用于农业生产活动的公共投资对农业经济增长有显著的正向影响，而用于乡镇企业或县级国有企业的公共投资对于农业经济增长的效应是不显著的[71]。国内学者关于经济增长对农村减贫效应的分析中，较为一致的结论是：经济增长可以通过带动政府财政支出的增加而减缓贫困，但不同的财政支出项目和不同地区的发展程度也对减贫效果产生不同影响。李焕彰和钱忠好（2004）运用格兰杰因果检验法验证了财政支农支出与农业产出之间的相互促进关系，认为财政支农支出的增长会带动农业产出的增加，农业产出的增加反过来又会推动政府财政投入力度的加大[72]。王雪妮和孙才志（2011）运用贫困增长曲线，对我国 1996—2008 年四大区域县级市的经济增长模式、贫困水平和影响贫困三因素的减贫作用进行空间差异分析，结果可以看出，经济增长始终起着减缓贫困的作用，且减贫作用随经济增长率的增加而更加显著[73]。刘建民等（2018）认为财政收入与支出分权对农村和城镇贫困的减少产生了显著的负向作用；同时经济发展水平与经济集聚也具有减贫效应[74]。

二、收入分配的间接作用

改革开放以来的中国发展经历表明，虽然经济高速增长带来人均纯收入的增加是减贫的主要力量，但城乡收入差距的拉大加剧了居民收入不平等程度，限制了经济增长带给贫困人口的潜在福利，也弱化了农村减贫的效果。张凤华和叶初升（2011）表明经济增长在农村减贫中具有重要地位，城乡收入差距扩大对农村减贫具有显著的负效应[75]。陈飞和卢建词（2014）认为收入增长使贫困人口比例下降，但分配不公平降低了减贫速度，并导致低收入群体的收入份额不断萎缩[76]。李普亮（2012）首先从理论和实证均肯定了财政支农支出对促进农民增收的预期效应，但实证检验却未能提供缩小城乡居民收入差距的有效证据[77]。孙致陆和肖海峰（2013）根据1994—2009年的省级面板数据分析，肯定了地方财政支农支出对农民增收的作用，但由于财政支持效率和整体绩效比较低，这种增收效应还非常有限，同时地方财政支农支出对农民收入增加的促进作用还呈现出显著的地区差异和梯度特征[78]。

根据福利经济学原理，经济可持续增长与收入分配公平是观测社会福利增进与否的核心要素。吕炜和刘畅（2010）认为在平均收入相同的情况下，收入分配差距的大小决定着贫困群体占有财富的多少，决定了社会福利的增进与否[79]。通过财政支农支出，比如农村社会保障支出、贫困户救济金、农业补贴等，能够在一定程度上提高贫困人口的实际收入水平，为贫困地区注入财政资金，缩小收入分配差距（林伯强，2003；杜凤莲和孙婧芳，2009；张伟宾和汪三贵，2013）[80-82]。邹杰等（2016）认为扩大财政支农支出规模、财政支农力度虽然能有效缩小城乡转移性收入不平等，但缩小效应受经济发展水平的制约[83]。毛伟等（2013）、邓宏亮等（2013）通过经济增长和收入不平等的共同作用对贫困影响的研究显示，当经济增长超过某一门槛值，或者收入不平等程度进一步加大并超过一定的门槛值时，经济增长对减贫的影响将大大降低，呈现出边际收益递减的特征[84-85]。因此，在经济快速增长的同时不得不考虑可能出现收入分配差距扩大与贫困不断累积的现象。

贫困的出现也许并不仅仅如表面那样是收入低下或者增收机会缺乏所导致，更多是由于社会地位的不平等、机会匮乏以及社会分配。也就是说，经济增长并不能自动消除贫困问题，甚至有可能由于收入差距扩大引致贫困增加。但是，大量发展中国家的现实经济历程证实，当收入分配过度倾斜以及社会利益集团逐渐形成继而阶层固化后，收益的向下滴漏将逐渐减少，甚至难以弥补反向剥削导致的低收入人群收益减少。Unal 和 Yener（2016）利用 1987—2011 年更新的数据集，运用动态面板数据方法，评估了金融不平等与贫困之间的关系，混合解释性结果表明，尽管金融发展促进了经济增长，但这并不一定有利于新兴国家低收入人群[86]。Kousar 等（2019）认为从短期和长期来看，收入不平等对贫困发生率的影响都是积极的，这需要一国采取有利于穷人的增长政策和合理的收入分配[87]。Wu 等（2015）认为收入分配不均是贫困存在的主要原因，生产补贴的不平等分配实际上会导致更高的贫困发生率[88]。Zaman 等（2012）利用面板协整的方法研究了 1990—2008 年 5 个南亚区域合作联盟国家的经济增长、收入不平等和贫困的关系，结果表明三者间存在长期均衡关系，经济增长有助于贫困的下降，而收入不平等对贫困的作用恰好相反[89]。李实和沈扬扬（2022）通过研究中国农村居民收入分配中的机会不平等问题，发现农村机会不平等的间接渠道效应有所提高，据此推测国家“精准扶贫”政策有助于缓解由非竞争市场带来的就业机会不公问题[90]。

第四节 财政支农支出减贫效率研究

一、效率评价方法研究

评价技术效率的方法可归为两大类：非参数方法和参数方法。非参数方法的主要代表就是数据包络分析（Data Envelopment Analysis，DEA），最初由 Aigner 和 Chu 等（1968）[91]提出，基本思想是利用投入产出数据构建技术前沿，借助线性规划求得“相对效率”值，目前常用模型有 CCR、BCC 模型和改进后超效率 SBM 模型等。由于 DEA 方法设定的技术前沿是一个确定性边界，不存在随机误差，只要是对生产边界的偏离都归因于无效率，而这些偏离有可能掺杂外部因素，甚至异常值的影响，从而导致效率的评价结果有偏差。参数法的主要代表就是随机前沿分析（Stochastic Frontier Approach，SFA），最初由 Aigner、Lovell 和 Schmidt（1977）[92]以及 Meeusen 和 Broeck（1977）[93]分别独立提出，基本思想是将所有生产单元的最大产出构成一个理论上的生产前沿，每个生产单元实际产出与理论上生产前沿的偏离分解为随机误差项和技术无效率项，借助生产函数回归模型和技术无效项的各种分布假设，实现技术效率评价计算。目前常用的 SFA 模型主要围绕生产函数配置和无效率项分布假设等给出的，包括随机前沿 C－D 生产函数、超越对数生产函数，截面无效率、时变无效率项等。相对 DEA 来讲，SFA 因为可以灵活设置生产函数形式和无效率项各种分布，可以有效排除外部因素干扰和异常值影响，可以在我国财政支农支出减贫效率评价中优先作为研究的模型方法。

二、效率测算工具研究

关于效率的测算方法，随机前沿分析（SFA）、数据包络分析（DEA）被广泛应用于各个领域（Simar 和 Zelenyuk，2011）[94]。面板数据的 SFA 模型解决了在截面数据随机前沿模型中，因内生解释变量造成的非一致估计问题，以及通过引入时变弹性参数，可以反映不同时间内变量情况。因此，面板数据 SFA 方法在效率估计问题上得到了众多应用。Zhou 等（2011）提出了随机前沿分析技术的一种参数前沿方法，从生产效率的角度估计经济范围内的能源效率绩效，研究发现与非参数前沿方法相比，参数前沿方法在能效性能测量中具有更高的识别能力[95]。Lin 和 Wang（2014）利用随机前沿模型分析了中国钢铁行业的全要素能源效率和相应的节能潜力[96]。Sun 等（2019）采用基于 Shephard 距离函数的参数随机前沿方法来评估政府机构和绿色技术对能源效率的影响[97]。唐齐鸣和王彪（2012）[98]、张权和王德祥（2013）[99]均运用随机前沿生产函数模型测算了中国大陆城市的公共支出效率，并对影响因素进行分析。张友棠和杨柳（2020）使用时变随机前沿模型测度中国在“一带一路”沿线国家的对外直接投资效率，分析“一带一路”沿线国家的金融发展异质性对提升中国对外直接投资效率的影响[100]。

但是，在所有这些研究中，必须对随机距离函数前沿方法的函数形式进行变换，从而使函数假设对结果的影响更强（Zhang，2012）[101]。我们知道，传统面板数据模型可变换为变系数面板模型，众多学者随机前沿模型中的生产函数参数也进行了众多变换，拓展为时变参数生产函数，能够分别估计某一特定时期资本和劳动力的时变弹性，是更加符合实际的生产函数模型（章上峰等，2011）[102]，也能较好地捕捉到经济政策的重大事件对于总量生产函数的影响。例如，高宇明和齐中英（2008）利用时变参数方法得到的全要素增长率，计算结果由于不包含方程误差，它比索洛残差方法的结果精确[103]。胡晨沛等（2021）将传统的 Cobb – Douglas 生产函数进行时间和空间改进，以便对经济现象中的时变效应和异质性进行分析，他们发现，改进的时变弹性生产函数具有较好的统计学显著性和经济学意义[18]。张毅等（2018）旨在考虑效率的异质性与时变性，通过不同的随机成本前沿模型，考察了山西省公路客运企业的成本效率表现[104]。郭晗和任保平（2014）运用结构型时变弹性生产函数对劳动和资本要素的产出弹性的动态特征进行衡量，并估算出中国潜在经济增长率的变化[105]。该观点也得到了章上峰和许冰（2015）的验证，他们提出中国经济正处于一个非稳态增长的典型事实[106]。文淑惠和张昕（2017）将时变随机前沿分析应用到贸易的引力模型中，并采用一步法剖析其影响因素[107]。关于随机前沿模型的估计方法，最早是基于 OLS 方法的，但由于复合误差项有非对称分布特征，会导致一系列一致性问题，因此，一些学者转而寻求其他估计方法。Greene（1990）提出了随机前沿模型的最大似然估计[108]，此后还延伸到了限制极大似然估计、拟似然法（Lin 和 Breslow，1996）[109]和边际似然法（Goeree 等，2002）[110]等。罗羡华等（2009）利用局部多项式回归方法，给出了时变弹性系数函数的局部线性加权最小二乘估计[111]。章上峰和顾文涛（2011）利用 Profile 方法给出产出弹性函数系数的局部加权最小二乘估计，并参考非参数条件自助法对有限样本的近似分布进行模拟，给出相对精确的广义似然比检验[112]。

三、财政效率问题研究

近年来，财政效率问题在政府工作会议中成为热门词汇，针对出现的贪污腐败、财政资金浪费现象，中央经济工作会议多次强调要着力提升公共财政供给效率，国内外众多文献也对此进行广泛研究。在效率的测算方法上，Fried 等（1993）较早地使用非参数、非随机技术来衡量绩效，且使用参数、随机技术将绩效变化归因于信用合作社及其运营环境的特征，随后很快在商业银行、区域生态、农业生产等方面得到应用[113]。Zhang 等（2019）采用面向产出的数据包络分析（DEA）规模收益模型对中国的环保支出效率进行了分析，认为政府支出的效率在过去10 年中有所提高[114]。Liu 等（2016）利用超效率 SBM 模型来衡量区域财政效率，他们认为区域财政效率之间存在显著的空间溢出效应，且具有时间惯性和空间依赖性[115]。Wu 和 Zhou（2021）认为随着财政收支矛盾的加剧，以调整财政支出结构为目标，有利于提高财政资金使用效率[116]。

国内方面，刘斌（2012）采用三阶段 DEA 方法评价了 1978—2010 年中国各省的财政支出效率，认为我国各地方政府的财政支出管理效率均值从改革开放至今没有明显改善，但差距呈现出扩大的趋势[117]。吴庆田和马枭琴（2021）同样运用 DEA 指数模型，测算 22 个省份的财政金融支农协同减贫效率[118]。但另有部分文献采用随机前法（SFA）对效率进行测度（杨海生等，2015）[119]。例如，张大鹏和涂精华（2018）运用随机前沿分析法（SFA）测度旅游减贫效率及影响因素，研究发现虽然旅游减贫效率总体上随着时间升高，但效率值偏低，处于规模报酬递减阶段[120]。洪名勇等（2017）通过计算，同样支持了我国农村减贫技术效率较低的观点[121]。杨国涛等（2020）认为在共同前沿下，东部地区总效率值显著高于中西部地区；第一阶段农业生产效率值明显低于第二阶段减贫效率值，农业生产效率仍然有较大的改善空间，且大部分省份政府财政资金利用效率较高[122]。此外，政府出台的各种政策以及财政的各项支出对减贫效率均存在不同的影响。张楠等（2021）的研究表明，与其他政府支出政策相比，转移支付和基本社会保险的配置效率更高，对农村相对贫困的瞄准较好[123]。

第五节　文献述评

对于贫困问题，已有研究分别从不同的视角以及估计方法上进行探讨，虽然测算的我国贫困现状均在向好的趋势发展，但由于在贫困线的选择、衡量数据的不同，导致最终减贫效果仍旧存在差异，因此，仍然需要利用更加科学适合的模型和方法进行贫困度量。一直以来，财政的资金投入一直是助力贫困地区提高收入的最有效的方法之一，通过梳理经济结构的相关文献发现，财政减贫分为两种不同的路径，一方面可以对处于标准线以下的贫困人口进行补贴，另一方面可以通过经济发展、调节收入分配等，带动地区脱贫。本书同时考虑了这两条减贫路径，构建了直接与间接减贫效应理论与实证分析框架，试图对财政支农支出的减贫效应全方位探究。此外，已有研究同样意识到，仅仅盲目增加财政支出的资金投入是不行的，财政支出效率越来越受到重视，但是对于财政支农支出的减贫效率却鲜有涉及，因此，本书将研究视角缩小在减贫效率上，并对影响因素进行分析，进一步丰富且深入了财政支农支出减贫效应的研究。最后，在模型选择和定量分析方法上，已有研究仅考虑到单一模型应用于反贫困研究中，本书通过逐步将面板数据进行延伸，引入交互项，再到分层线性以及随机前沿生产函数，在该模型基础上，逐步应用于财政支农支出减贫效应研究中去，不仅在研究视角上，还在研究方法上丰富了现有研究成果。

第三章

基本研究理论与路径分析

本章从理论层面对相对贫困理论、贫困与反贫困理论、计量经济模型基本理论以及财政支农支出减贫机制进行分析，为研究财政支农支出的减贫效应奠定理论基础。梳理相对贫困形成的动因与特征是反贫困的关键，且绝对贫困的治理措施和治理思想也可成为缓解相对贫困的良好借鉴。关于贫困和反贫困理论的探究，最早从国外西方国家提出，但终究离不开贫困的本质，是始终贯穿人类反贫困努力的基线。而对于财政支农支出减贫的路径，需要从直接、间接和效率方面，分别进行解析，这对后面的实证研究奠定理论基础。

第一节　相对贫困的基本理论

一、相对贫困的成因

根据相对贫困的概念，不难发现，同绝对贫困一样，相对贫困也是自然条件和社会制度下的必然产物，且极易受到政策的影响。根据马克思主义和Sen关于贫困的理论，由于社会资源配置的不公以及个体在能力上存在差异，形成贫困的本质，但在相对贫困问题上，最关键的是资源的稀缺和能力的剥夺才是深层本质（姜晓萍和郑时彦，2022）[124]，因此本书认为可以从以下两个角度来理解相对贫困。

（一）资源配置问题

资源配置的不公是造成相对贫困的最重要的原因之一，表现为社会财富分配不合理导致贫富差距较大，部分群体的收入水平或得到的分配资源远远小于社会平均水平，这就是相对贫困人群。这首先归因于一直以来中国的城乡二元结构的经济社会体制。纵观整个历史进程，基于城市的特性，率先从城市开始工业化发展，先进的工业生产带动城市的经济，其劳动生产效率、劳动产出以及劳动人口的文明程度总体上均在农村人口之上。反观农村地区，由于地理位置和历史条件限制，本身在初始资本积累上就落后于城市地区，在以后的生产方式上仍以小规模的种植业为主，农业产出效率较低，且劳动人口的受教育程度也低于城市，文明发展落后。因此，自古以来，贫困就多集中于农村偏远地区。

不完善的农村土地产权制度也成为资源配置不公的另一个重要原因。农村土地产权制度对产权结构进行规定，像土地这类生产要素具有不可买卖性和长期性，这导致农业领域的资本要素流动困难，且农业产出受到自然条件以及市场价格波动的影响较大，其产出并不固定，具有随机性。种种原因导致贫困地区，尤其是偏远贫困地区的农村人口增收难度增大，受诸多不确定性因素影响减贫压力巨大，很容易陷入“贫困陷阱”中。因此，缓解相对贫困的长效机制离不开土地等资源配置的合理和充分利用（肖卫东和梁春梅，2016）[125]。

（二）“可行能力”相对缺失问题

造成相对贫困的另一个原因是自身“可行能力”的缺失，表现为其在经济、政治或者教育方面权力的被动剥夺。由于农村土地产权所有制制度，农民的收入水平受自然条件和市场价格波动的影响，其经济收入方面的潜力不可预测。由于地理条件限制，农村人口与外界交流不便，导致其在接受教育、医疗和社会救助等资源方面受限，该类公共服务更易偏向城市地区，其生存权和教育发展权利得不到保障。具体来说，从分配制度上看，由于历史条件所限，农村的教育水平、医疗保障与城市相比起步较晚，截至21世纪初，我国90%的农村人口得不到任何医疗保障，而我国的文盲人口也大部分分布在农村地区，农村人口文化水平总体不高。从公共服务来看，农村地区的交通、基础设施、网络通信并不发达，财政对于公共服务的基本支出也很难发挥预期效果，这直接限制了农村人口接受外界先进事物的权力，因此，教育、健康、消费、社会公共服务等各类制度供给不均，无疑会加剧农村相对贫困人群的能力贫困。

二、相对贫困的特征

相对贫困的发展，不可避免地体现着其独有的特征，下面分别从相对性、多维性、长期性和动态分散性四个方面进行具体分析。

（一）相对性

顾名思义，相对贫困最明显的特征是其相对性。相对贫困是绝对贫困的必然产物，是区别于绝对状态下的相对性。现如今，人们的温饱问题、医疗保障、教育权等基本生存条件已经不需担忧，但随着社会的进步，总有部分群体的生活状态或者收入能力仍然处于某一标准之下，这是在贫困标准参考物发生变化下的必然结果，该类低于贫困标准的状态即相对贫困。

（二）多维性

众所周知，人们从只关注收入的绝对贫困到后来的多维贫困，而相对贫困涵盖了绝对贫困和多维贫困的要素，不仅包含相对贫困线以下的收入贫困，还注重对教育、健康、医疗等可行能力的关注，代表了贫困主体的相对剥夺感等。除此之外，相对贫困最大的特点是其对收入分配差距的关注，因此相对贫困的治理具有“双重目标”。相对贫困的多维性决定其贫困治理也要多维性。从多个维度提高贫困人口的权力、能力与机会，整体提升相对贫困人口的发展能力、收入和生活质量，缩小社会不公平。

（三）长期性

相对贫困是一直伴随着绝对贫困而存在的，总有一部分人是处在“绝对的”相对贫困状况。单从经济标准看，相对贫困的识别标准多是以收入的中位数来划分。但不论经济收入水平达到何种标准，由于发展存在阶段差异和地域差距，总会有一部分人处在中位数的数值之下。但随着社会的发展相对贫困的表现形式会有所不同，在发展中国家相对贫困表现为收入和生活质量的低下，但在发达国家可能表现为心理贫困、文化贫困等（姜安印和陈卫强，2021）[126]。因此，解决相对贫困并不仅是缓解当下贫困现状的问题，而且蕴含着长期地缩小贫富差距、实现共同富裕的最终价值追求。

（四）动态分散性

相对贫困人群在城乡之间具有明显的动态分散性（梁小军和胡多，2022）[127]。一方面，治理对象流动性大而呈现动态性。随着城镇化进程的推进和乡村振兴战略的实施，城乡融合趋势日渐增强，未来城镇化率将进一步提升，农业转移人口贫困问题将日益突出。当城市制度设计滞后于城镇化速度，就会增加城市流动性贫困。随着外出务工返乡人员数量的增加，返乡农民将可能陷入“务农无田、务工无岗、低保无份”

的转型性贫困。另一方面，治理对象在城乡兼有，人口基数大。相对贫困人群主要由弱势群体、非高标准脱贫户、贫困边缘户、失地农民、城市失业居民等贫困脆弱群体构成。相关数据显示，“2020 年有近 200 万脱贫人口存在返贫风险，300 万边缘人口存在致贫风险”（汪三贵等，2021）[128]，“仅脱贫户和进城农民工二者人数总计就超过了 2.6 亿人”（高强和孔祥智，2020）[129]。此外，由于贫困在城乡之间转移，后期相对贫困将呈现散点化分布。

三、正确理解从绝对贫困到相对贫困的衔接

基于发展经济学和减贫学角度，从绝对贫困标准向相对贫困标准过渡具有必然性。化解相对贫困问题不同于绝对贫困的治理，农村相对贫困问题具有共性，也有其特殊性（蒋永穆和侯婉月，2022）[130]。一方面，从理论上讲，相对贫困和绝对贫困是从不同视角评估的两种贫困问题，绝对贫困表征物质财富的绝对匮乏和人们无法维系生计的状态；相对贫困则同时关注增收和收入差距，兼具主观性与长期性特征（周力和沈坤荣，2021）[131]。另一方面，在同一个社会中，相对贫困和绝对贫困是同时存在的，两者可能是“你中有我”或“我中有你”的关系：当社会平均生活水平较低且收入或财富差距较小时，则可能会出现绝对贫困包含相对贫困的情形，这时社会也更重视绝对贫困；而随着社会平均生活水平提高或贫富差距扩大，通常出现相对贫困包含绝对贫困的情形，这时社会依据贫困的不同程度和范围来设定治理目标与反贫困政策（寇璇，2021）[132]。陈岑等（2022）通过对 1978—2017 年的不同标准下的绝对贫困和相对贫困发生率的对比分析发现，从时间点上看，最早出现“两线逆转”的年份是 1998 年，而在 2009 年之后，相对贫困反超绝对贫困，且伴随农村居民持续拉大的收入差距变动趋势而持续上升[133]。这也正是反贫困具有阶段性和长期性特点的理论依据（向德平和向凯，2020）[134]。由此，从相对贫困的触发机制来看，上述“逆转性”变化源于中国经济增长过程中持续扩大的收入差距问题，也反映出现行绝对贫困标准已经无法有效地识别一部分低收入和弱势人群的基本事实。未来反贫困工作的重点转为缓解相对贫困，同时也需要兼

顾绝对贫困边缘人口的返贫问题。基于上述研究，图 3.1 总结出相对贫困治理的途径与目标，在此后的分析中，也将根据此目标进行财政政策指引。

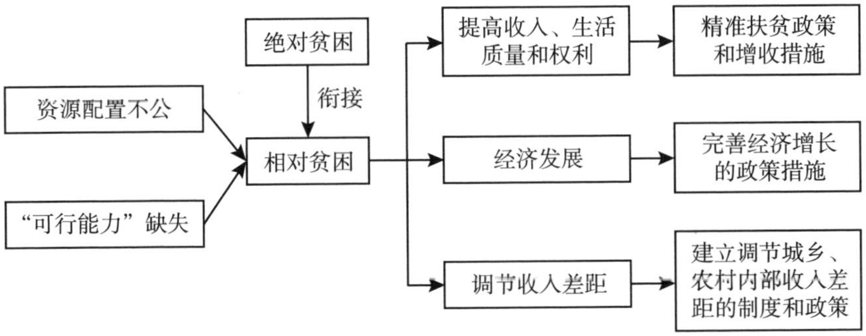

图 3.1　相对贫困治理的途径与目标

第二节　贫困与反贫困理论

一、贫困理论

（一）恶性循环贫困论

1953 年，哥伦比亚大学的罗格纳·纳克斯在《不发达国家资本形成问题》一书中提出了贫困恶性循环理论，纳克斯认为，由于发展中国家的人均收入水平低，投资的资金供给（储蓄）和产品需求（消费）都不足，这就限制了资本形成，资本匮乏成为阻碍发展中国家发展的关键因素。在供给方面，发展中国家为了维持基本生活，不得不把大部分收入用于生活消费，没有多余收入用于储蓄；低储蓄能力引起资本稀缺，造成资本形成不足，导致生产规模难以扩大，劳动生产率难以提高；低生产率造成劳动低产出和低收入。这样周而复始，形成了一个“低收入—低储蓄能力—低资本形成—低生产率—低产出—低收入”的恶性循环。在需求方面，低收入意味着低购买力和低消费能力；低消费导致投资引诱不足，投资引诱不足造成资本形成不足；低资本形成使生产规模难以扩大，劳动生产率难以提高，低生产率带来低产出和低收入。这样，也形成了一个“低收入—低购买力—低投资引诱—低资本形成—低生产率—低产出—低收入”的恶性循环（黄滢晓和汪慧玲，2007）[135]。

经济范畴的贫困，可以理解为物质生活困难，一个家庭或个人不能得到维持基本生活所需物质资源的最低水平，生活难以继续，这是极端贫困的状态。另外，从生产的角度理解的贫困，是由于物资条件匮乏，劳动力难以维持自身的简单再生产，生产者只能尽最大限度萎缩再生产。因此，不管从经济还是生产角度，资本或资源都是维持生产、生活的基本动力，在地区反贫困中起着非常重要的作用。可以把财政支出作为一项“资本投入”引入该理论中，财政投入不足是公共财政资源配置扭曲的表现之一，财政投入不足造成贫困地区在公路、桥梁、电讯、水利等基础设施建设，植树造林、治理水土流失等自然生态和环境保护以及发展科技教育，开展医疗、社会保障、救济等公共服务方面都得不到有效保障，进而无法享受充足、高效的公共财政资源。

需求方面，公共财政资源配置扭曲同样形成恶性循环。某些社会性基础设施建设不是直接为生产服务，而是通过教育、卫生、政策法规、技术研发及推广等基础性服务间接作用于农业生产和农村经济发展，贫困人口由于没有足够的收入维持最基本的生活水平，所以对此类涉及不到自身短期利益的公共服务兴趣不大，造成公共财政资源的有效需求不足。由此可见，公共财政资源配置的扭曲已成为制约地区经济发展的关键因素，低产出和低收入导致的贫困从供给和需求两方面影响公共财政资源的配置，最终反过来又加剧了贫困（王谦和王秋苏，2017）[136]。整个流程如图 3. 2 所示。

（二）贫困代际传递理论

受社会学中的阶层和地位继承现象的启发，美国经济学家在 20 世纪 60 年代提出贫困代际传递理论。该理论简单来说即家庭中出现对收

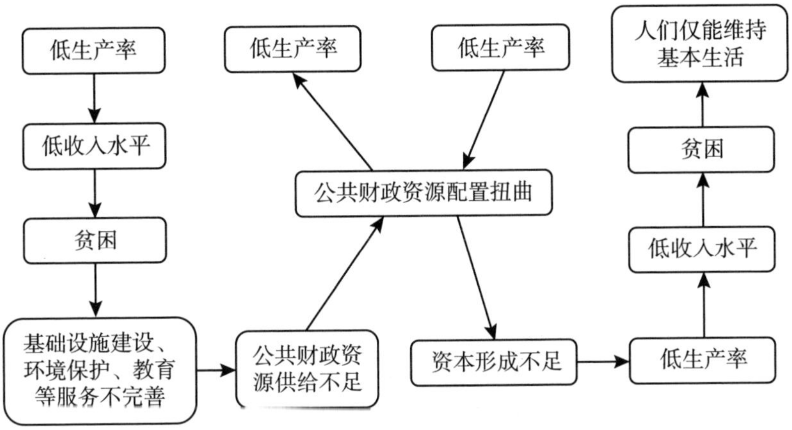

图 3.2　公共财政资源配置扭曲与贫困的恶性循环圈

入不利的因素，且该因素或者恶劣环境通过世代相传，导致几代人一直保持贫困状态，形成贫困循环，在贫困旋涡里无法摆脱。

造成贫困代际的因素包含文化、政策和经济因素。文化因素指的是人的思维方式、家庭氛围，在贫困家庭，由于其几代人都处于贫困状态，较非贫困家庭，其所受的教育水平、对社会的认知能力都是不足的，这种精神层面的贫困在家庭氛围长期存在，会极大限制贫困人员的能力发挥。政策因素指的是政府的帮扶救济带来的消极影响，具体来说，为了帮助贫困家庭解决基本生存需求，政府会通过各种方式对其进行补贴，这会激发部分人的惰性，对政府救济产生依赖性，更丧失劳动的动力和激情，长此以往，陷入更深的贫困。经济因素指的是现如今经济的飞速发展，将会淘汰掉部分人口。经济转型升级过程中，会淘汰旧的产业，新的高端产业不断崛起，贫困家庭由于个人能力有限，在经济浪潮中跟不上时代步伐，导致收入能力有限，陷入贫困代际中去。

二、反贫困理论

（一）基本需求理论

贫困问题一直是人类社会发展进程中的重大问题，贫困问题不仅是经济学关注的问题，也一直是社会学关注的问题。社会学者认为贫困是多因素联动系统运行的结果（袁利平和张欣鑫，2018）[137]，2019年诺贝尔经济学奖获得者Banerjee和Duflo自2007年就开始注意到，贫困者的一系列行为特征如教育、生育、健康、消费等都会对其贫困状态产生影响，我国学者的研究也证实，贫困者均具有较为消极的思想和观念，接受新生活、新事物的能力较差，倾向于固定生活在一个低层次、低效率、稳定的区域经济体系中，这将会导致贫困的延续（王春光，2020）[138]。随着经济学科中的实验经济学和行为经济学的发展，贫困者的个体行为分析也越来越多地被纳入贫困研究当中（方迎风，2019）[139]。

根据阿马蒂亚·森的能力贫困理论，贫困的根源在于能力的缺失，这种缺失一方面会由于客观的资源稀缺导致，另一方面也会由于贫困者对资源的捕获能力缺乏或不足导致。这种稀缺或缺乏的程度越大，会导致贫困者有待满足的需求就越多，相应的贫困者的脱贫难度就会越来越大。而贫困者的有效脱贫，须建立在贫困者有待满足的需求持续减少的基础之上。而所谓贫困者有待满足的需求，根据对马斯洛需求层次论的拓展，包括身体健康需求、事业发展需求、婚姻需求、基本社会关系需求等（吴晓蓉等，2018）[140]。

（二）低水平均衡陷阱理论

1956年，纳尔逊提出了“低水平均衡陷阱”的著名理论。他将经济社会总结为两种均衡水平，即低水平和高水平均衡。人均收入水平较低时，此时国民收入水平的增加会带动人均收入的提高，该状态一直持续到二者增速相同为止，此时的经济水平处于高均衡稳定状态。可见，在低人均收入水平与人口增长率相等的人均收入水平间存在一个“低水平均衡陷阱”，处于这个陷阱中的国民经济增长都会被人口增长所抵消，退回到最初的低水平均衡。而广大发展中国家的人均收入水平一般处于维持基本生存的较低水平，也即“低水平均衡陷阱”。为此发展中国家只有进行大规模的投资，提高经济运行效率，使国民经济的增长超过人口的均衡增长，才能提升人均收入水平，冲破陷阱。

后续的一些研究进一步拓展了低水平均衡陷阱理论，并将之与“低收入陷阱”假说相结合，用以解释发展中国家的典型贫困问题。如

Aghion 和 Bolton（1997）[141]、Wang 和 Androws（2012）[142] 以韩国、菲律宾和墨西哥为样本的分析认为，除了人口过度增长稀释了资本形成外，资本质量偏离、适宜性技术选择能力的低下，也进一步降低了资本效率。这些研究进一步丰富了低水平均衡陷阱理论的体系，将贫困的解释拓展到了国际分工与资本动态调节上。此后，Borggren 等（2014）[143] 进一步通过一个内生的索罗增长模型，解释了人口增长所产生的收入稀释与资本稀释效应。在为低水平均衡陷阱理论提供初步证据的同时，也形成了一个基于投资扩张实现低水平均衡超越的路径。即保证人均资本增长超过人口增长的同时，资本稀缺逐渐得到缓解。此时，国民收入的增长循环将拉动人均收入的持续提升，从而保证大多数人口的富裕（刘志国和边魏魏，2013）[144]。

第三节　计量经济模型基本理论

一、贫困度量基本理论

（一）*Sen* 指数

Sen（1976）在他的开创性著作中提到，每一个贫困指数都应该包含三个组成部分：贫困发生率、贫困程度和穷人之间不平等程度[145]。换言之，任何贫困衡量都应该是社会中穷人的数量、发生率，贫穷程度、强度的函数，甚至应该考虑到生活在贫困线下的穷人之间的不平等。我们知道，最简单的指标是所谓的贫困差距比率（*PGR*），它代表总人口 n 中所有个体 i 的贫困差距比率的平均值，公式为：

$$PGR(x,z) = \frac{1}{n}\sum_{i=1}^{n} g_i$$

$$g_i \overset{\Delta}{=} \max\left\{\frac{z - x_i}{z}, 0\right\} \tag{3-1}$$

其中，g_i 为收入的标准化缺口，对于贫困线 z 以下的收入 x，标准

化缺口 g_i 是收入与贫困线之间的相对距离，对于高于贫困线的收入，该标准化缺口为零。很显然，*PGR* 是穷人标准化差距向量的平均值。该指标满足焦点、复制不变性、对称性和单调性公理。然而，它违反了转移公理。为了使贫困指数满足转移公理，同时将非贫困人口的收入水平排除，Sen 又提出了一个新的贫困衡量指标，将更大的权重放在了贫困个人的收入上，以个体收入在总人口收入中的排序为权重，把贫困看作穷人的贫困缺口的加权平均，其公式为：

$$S(x,z) = \frac{2}{n(q+1)}\sum_{i=1}^{q} w_i g_{[i]} \tag{3-2}$$

其中，w_i 是 Sen 构建的第 i 个人的标准化贫困缺口 $g_{[i]}$ 的权重，同参照组的相对地位有关，每个贫困者的收入差距权重确定的基本原则是，按其在贫困线以下的收入顺序排列的，与贫困缺口的顺序一致。这一原则表达了穷人的相对剥夺程度或穷人在社会福利秩序中的地位，穷人的收入越低，相对剥夺程度越高，或者其社会福利的位次越排在末位。在收入顺序表中，第 i 个人排列位置应为 $q-i+1$，因而权重 $w_i = q-i+1$，正是借助于这种基于相对剥夺和定序效用（Ordinal Utility）理论的加权方式，式（3－2）结构中可以体现出收入差异程度，从而使 *Sen* 指数包含了贫困人口中收入分配的基尼系数的性质。因此，部分研究将体现贫困成员收入差距的基尼系数 G 引入 *Sen* 指数，进行变形。当 $q \to +\infty$ 时，$\frac{q}{(q+1)} \to 1$，得到 *Sen* 指数公式为：

$$P = H[I + (1-I)G] \tag{3-3}$$

如果把 I 替换为它的等价形式 $1-(y^*/\pi)$，则得到另外表达式：

$$P = H[1 - y^*(1-G)/\pi] \tag{3-4}$$

这是 *Sen* 指数最为常用的表达式，*Sen* 指数在 0 到 1 之间变动，当每个人的收入都在贫困线以上时，$q=0$，因而 *Sen* 指数也等于零；当所有人都没有收入，即穷人人数等于总人数 $q=n$，或社会分配极度不平等时，$I=0$，$G=1$，*Sen* 指数等于 1；如果 $G_p=0$，即所有穷人的收入相同，$S=HI=PG$。*PG* 是简单贫困缺口率，作为综合贫困量度的雏形，然而，它违反转移公理和缺乏连续性的情况并没有消失，只满足单调公理和加性分解公理。

Sen 指数的提出奠定了贫困度量的基础，对贫困的衡量产生巨大的开创性贡献，但是由于其权重需要位次决定，不可避免地产生缺陷。首先，*Sen* 指数并不完美，虽然满足三种基本公理，但不满足加性分解公理、转移敏感性公理等。例如，随着贫困群体收入水平的增加，在进行同等程度的收入转移时，影响 *Sen* 指数大小的三个指标（贫困发生率 H、收入缺口率 I 和贫困成员内部的基尼系数 G）并不会改变，因此 *Sen* 指数反映的贫困程度不变，而不是降低，因而转移敏感性公理不适合。由此看来，*Sen* 指数对贫困的衡量功能是有限的。其次，它无法满足转移性公理所需要的前提条件。如果在收入转移过程中，贫困人口实现收入增加而脱贫，或者穷人向非贫困人口转移收入的情况，就会违背转移公理的前提。再次，Sen 指数直接把 $\sum i \in Tv(i) = \sum i \in Tr(i)$ 作为加权因子是没有标准化的，而且以 i 作为第 i 个人的权重，虽然它满足了对贫困差距较大的人给予更多权重的初心，但是否应该用一系列等差级数来表示仍有争议。最后，*Sen* 指数不是一个以穷人收入为变量的连续函数。当贫困人口因收入增加而脱贫时，会在数值上产生跳跃性的断点，此时度量结果并不是一个稳健的数值，仅具有参考意义（Shorrocks，1995）。可以说，除了学术研究，*Sen* 指数几乎未被运用于政策分析（Deaton，2001）[146]。

（二）*SST* 指数及其拓展

在 *Sen* 指数基础上，众多学者致力于从多种途径拓展贫困度量指标。作为 *Sen* 指数的修正式，*Thon* 指数（1979）将权重用每个贫困个体在总人口分布中的排名[147]，取代贫困个体在贫困中的排名：

$$T(x,z) = \sum_{i=1}^{q} \frac{2(n+1-i)}{n(n+1)} g_{[i]} \tag{3-5}$$

该指数的极限形式表示，在收入的转移过程中，仅当贫困人口向非贫困人口的单向转移才能使贫困指标上升，相反方向的转移会造成贫困指标的降低。这个简单的更改允许 *Thon* 指数的索引 T 满足连续性和转移公理。然而，这种度量违反了复制不变性公理。

随后，为了对 *Sen* 指数中的缺陷进行改进，如缺乏连续性、不满足转移性和可分解性等，Shorrocks（1995）改进了权重函数，因此被称为 *SST* 指数[148]，该指数也视为“*Sen* 指数的最佳修正版”，公式为：

$$SST(x,z) = \sum_{i=1}^{q} \frac{2(n+0.5-i)}{n^2} g_{[i]} \tag{3-6}$$

SST 指数与 *Thon* 贫困指数相似，若 n 和 q 足够大，*Thon* 指数可成为 *Shorrocks* 指数。从式（3-6）可见，*SST* 指数的权数也是收入水平的逆序次。但这种序次并非仅按穷人数 q，而是根据总人数 n 排列的。这正体现了 *SST* 指数对发生在穷人和非穷人之间的收入转移的考虑。此外，该测度还克服了 *Thon* 贫困指数所缺乏的复制不变性。基于加权形式的改进，*SST* 指数有效避免了 *Sen* 指数在转移公理上的缺陷，更克服了 *Sen* 指数在连续性公理上的不足。

Kakwani（1990）认为贫困指标也应该对参与任何收入转移的个人的绝对等级敏感，因此通过将加权函数提高到 k 次幂[149]，公式为：

$$K_k(x,z) = \sum_{i=1}^{q} \frac{q(q+1-i)^k}{n\sum_{j=1}^{q} j^k} g_{[i]}, \quad k \geqslant 0 \tag{3-7}$$

特别地，对于 $k=0$ 和 $k=1$，$K_k(x,z)$ 分别退化为 *PGR* 和 *S* 指数。参数 k 的值可以根据我们对不同收入状况下的收入转移敏感性的偏好来选择。k 值越高该度量对于分布底部的传输越敏感，譬如我们想研究极端贫困，应该选取高的 k 值。

Thon（1983）基于转移支付无论在何处都应具有相同影响的想法，又提出带参数 τ 的一类新的贫困度指数[150]，公式为：

$$T_\tau(x,z) = \sum_{i=1}^{q} \frac{\tau n+1-2i}{(\tau-1)n^2} g_{[i]}, \quad \tau \geqslant 2 \tag{3-8}$$

上述贫困度指数 T_τ 中，当 $\tau=2$ 时就是 *SST* 指数，所以本质上也是 *SST* 指数的扩展。与 Kakwani 的家庭参数不同，当该测度的参数 τ 增加时，该贫困测度对分布顶部，即穷人中最富有者之间的转移更为敏感。为此，Donaldson 和 Weymark（1980）[151] 以及 Chakravarty（1983）[152] 等，基于社会福利视角提出 *S-Gini* 贫困度指数 S_σ：

$$S_\sigma(x,z) = \sum_{i=1}^{q} \left[\left(\frac{n+1-i}{n}\right)^\sigma - \left(\frac{n-i}{n}\right)^\sigma \right] g_{[i]}, \quad \sigma \geqslant 1 \tag{3-9}$$

同样对于 $\sigma=1$ 和 $\sigma=2$，分别对应 *PGR* 和 *SST* 指数。与 Chakravarty 指数类似，对于 σ 值较高的分布底部的转移，该指标将更加敏感。事实上，如果想衡量极端贫困，应该使用 *Kakwani* 或 *S - Gini* 指数作为其参数的高值。Chakravarty 的结论对相对贫困的研究很有帮助，在中国的现有制度下，不仅要衡量贫困人口之间的相对贫困状况，还要将视角放到整个国民收入水平下，衡量穷人在整体的贫困差距。

SST 指数是在吸取了 *Sen* 指数的优点之后，再根据其局限性进行的改进与拓展，因此包含 *Sen* 指数的良好性质，即相关性、单调性、连续性和弱转移性等公理。*SST* 指数可直观地将贫困率的变化分解为贫困人口比率、贫困程度和不平等程度的贡献，加深了对贫困的理解程度。然而 *SST* 指数不可避免地存在两个缺点：一方面，由于是在 *Sen* 指数基础上的改进，其权重设定同样以收入水平序次为基础，并不符合加性分解公理。另一方面，*SST* 指数虽然满足转移公理，也能满足单调—敏感性公理，但对于二者的结合转移 - 敏感性公理并不满足。这意味着，对于等距且等量的收入转移所导致的收入分布变化，*SST* 指数很难识别和发挥有效监控作用。

二、变参数面板模型基本理论

非线性面板数据分析的最新发展允许识别和估计一般动态系统，最常用的就是面板数据非参数的识别（Arellano 和 Bonhomme，2017）[153]。Shiu（2014）提供了非线性动态面板数据模型的非参数识别[154]。Gagliardini 和 Gourieroux（2018）展示利用非线性约束来识别回归模型的参数，以及未观测效应的参数或非参数分布[155]。这种方法适用于研究在宏观经济和金融应用中遇到的潜在因素模型以及具有随机时间效应的面板模型中的识别。最初为了便于模型参数估计的简便，经济模型的假设前提通常是变量系数不随时间改变。但是，技术进步、经济体制改革和政治动荡等内力或外力因素的变化会导致经济结构的改变，模型参数就必须顺应时间变化，这使具有系数不变假定的线性面板数据模型可能存在模型误设，而基于误设模型得到的估计量通常是不一致的（王小刚和王黎明，2013）[156]。为了解决模型误设和非线性问题，一些学者提出了非参数或半参数的变系数面板数据模型，并对其进行有效估计。如崔晓静（2021）基于B样条方法估计面板数据的半参数变系数可加模型中未知的参数和函数，且通过大量的模拟评估所提出的估计方法的表现[157]。丁飞鹏和陈建宝（2019）将最小二乘支持向量和二次推断函数法相结合[158]，徐秋华和张梓场（2019）采用局部线性共同相关效应估计方法等[159]，均是采用不同的角度，提供了估计变参数模型的新思路。

在传统面板数据模型基础上，当个体行为既影响模型的截距项也影响着斜率时，就应选择变参数面板数据模型来作为研究问题的模型原型。这类模型实际应用时比较多见，一般模型形式如下：

$$y_{it} = \alpha_i + \lambda_i x_{it} + u_{it},\ i = 1,2,\cdots,N;\ t = 1,2,\cdots,T \tag{3-10}$$

其中，y_{it}为被解释变量，$x_{it} = (x_{1it}, x_{2it}, \cdots, x_{kit})$ 为 k 维解释变量，α_i 表示个体变化的截距项。$\lambda_i = (\lambda_{1i}, \lambda_{2i}, \cdots, \lambda_{ki})'$表示随个体变化的斜率系数向量，$u_{it}$为随机误差项。若记 $X_{it} = (1, x_{it})'$，$\tau_i = (\alpha_i, \lambda'_i)'$，则上述模型可以写成矩阵表示形式：

$$\boldsymbol{Y} = X\beta + U \tag{3-11}$$

其中

$$\boldsymbol{Y} = \begin{bmatrix} Y_1 \\ Y_2 \\ \vdots \\ Y_N \end{bmatrix}_{NT\times 1},\ X = \begin{bmatrix} X_1 & 0 & 0 & 0 \\ 0 & X_2 & 0 & 0 \\ 0 & 0 & \ddots & 0 \\ 0 & 0 & 0 & X_N \end{bmatrix}_{NT\times N(k+1)},\ \beta = \begin{bmatrix} \tau_1 \\ \tau_2 \\ \vdots \\ \tau_N \end{bmatrix}_{N(k+1)\times 1},$$

$$U = \begin{bmatrix} u_1 \\ u_2 \\ \vdots \\ u_N \end{bmatrix}_{NT\times 1},\ \mu_i = \begin{bmatrix} \mu_{i1} \\ \mu_{i2} \\ \vdots \\ \mu_{iT} \end{bmatrix}$$

上述模型如果满足假设：$E(\mu_i)=0$，$E(\mu_i, \mu'_i)=\sigma_i^2 I_T$，$E(\mu_i, \mu'_j)=\sigma_{ij}^2 I_T$，则将上述一类变参数面板数据模型称为似不相关回归模型（Seemingly Unrelated Regression models，SUR）。

SUR模型本质上可看成N种个体形成的一个联立方程模型，由于个体之间相关性可采用联立方程模型中系统估计方法。以下给出一种基于误差项协方差矩阵 GLS 估计方法。

SUR 模型随机误差项的协方差矩阵为：

$$\Omega = \Sigma \oplus I_T \tag{3-12}$$

其中，$\Sigma = \begin{bmatrix} \sigma_1^2 & \sigma_{12} & \cdots & \sigma_{1N} \\ \sigma_{21} & \sigma_2^2 & \cdots & \sigma_{2N} \\ \cdots & \cdots & \ddots & \cdots \\ \sigma_{N1} & \sigma_{N2} & \cdots & \sigma_N^2 \end{bmatrix}$，可以验证 $\Omega^{-1} = \Sigma^{-1} \oplus I_T$。若随机误差项方差矩阵 Ω 已知情况下，SUR 模型参数可通过如下广义加权最小二乘 GLS 方法严格给出：

$$\hat{\beta}_{SUR} = [X'\Omega^{-1}X]^{-1}[X'\Omega^{-1}Y] \tag{3-13}$$

实际问题当中随机误差项方差矩阵 Ω 是未知的，可以先对 SUR 模型每个个体方程实施 OLS 估计，得到随机误差项的残差 $\hat{u}_{it}$，然后通过残差 $\hat{u}_{it}$估计出所有 σ_{ij}，σ_i^2 进而估计出整个模型的协方差矩阵 $\hat{\Omega}$，这种方法称之为可行的广义加权最小二乘（FGLS）估计法。此方法可用于第五章提出的带分层变参数模型的参数估计中。

三、随机前沿生产函数基本原理

生产率反映了经济体为摆脱贫困与落后，为发展经济在一定时期里表现出来的能力或努力的程度，是技术进步对经济发展作用的综合反映，运用随机前沿方法可以技术效率的变动做细致的分解。假定一种投入要素 x_i 生产得到产出 y_i，且不考虑时间因素，随机生产前沿函数设定如下：

$$\ln y_i = \beta_0 + \beta_1 \ln x_i + v_i - \mu_i \tag{3-14}$$

$$y_i = \exp(\beta_0 + \beta_1 \ln x_i + v_i - \mu_i) \tag{3-15}$$

$$y_i = \exp(\beta_0 + \beta_1 \ln x_i) \times \exp(v_i) \times \exp(-\mu_i) \tag{3-16}$$

式（3-16）中，$\exp(\beta_0 + \beta_1 \ln x_i)$ 表示随机前沿的确定部分，随机前沿产出围绕该确定部分波动，$\exp(v_i)$ 为模型的随机噪声。$\exp(-\mu_i)$ 为随机前沿的无效性，进行随机前沿分析的目的在于预测无效率效应，也称技术无效率程度。通常产出导向的技术效率（Technical Efficiency）

也用此衡量，取值范围是［0～1］。用图 3.3 说明随机前沿生产函数的基本原理以及产出差距分解。给出两个厂商 A1 和 A2 的投入产出，前沿模型的确定部分反映规模收益递减的存在性。其中横轴 x 表示投入（如单位劳动力资本），纵轴 y 表示产出（如单位劳动力产出），厂商 A1 利用投入水平 x_{A1} 生产得到产出 y_{A1}，厂商 A2 利用投入水平 x_{A2} 生产得到产出 y_{A2}。如果能实现最优技术，即没有无效效应（$\mu_{A1}=0$，$\mu_{A2}=0$），假定厂商 A1 的随机噪声影响是正的，即 $v_{A1}>0$，厂商 A2 的随机噪声影响是负的，即 $v_{A2}<0$，那么厂商 A1 和 A2 的前沿产出 y_{A1}^*（B_1 点）和 y_{A2}^*（B_2 点）分别为：

$$y_{A1}^* = \exp(\beta_0 + \beta_1 \ln x_{A1} + v_{A1}) \tag{3-17}$$

$$y_{A2}^* = \exp(\beta_0 + \beta_1 \ln x_{A2} + v_{A2}) \tag{3-18}$$

显然，厂商 A1 的前沿产出位于确定前沿之上，而厂商 A2 的前沿产出位于确定前沿之下。但其中包含了生产者不可控因素的影响和观测误差，若剔除这些随机因素，厂商 A1 和 A2 的最优产出分别为 C_1 和 C_2。也就是说，$f(x)$ 代表所有生产者的最优技术，即生产函数的确定前沿。

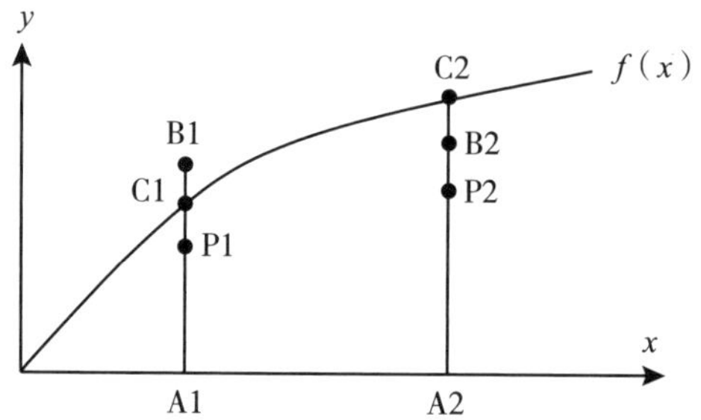

图 3.3　随机前沿生产函数原理分解图示

相对实际产出，前沿产出是不可观测的。理论上，前沿产出具有围绕确定前沿上下方均匀分布的趋势，那么实际产出由于随机噪声和无效率项的相互作用，分布在确定前沿的上下方都是有可能的。然而，现实中实际产出更多地趋向于分布在确定前沿之下，主要是因为大多时候无效效应 μ 很强。若厂商 A1 和 A2 的随机噪声影响与无效效应之和为负（即 $v_A-\mu_A<0$），那么二者的实际产出 y_{A1} 和 y_{A2} 位于确定前沿之下，即

P1 和 P2 点。只有当随机噪声对产出具有积极影响且大于无效效应时，即 $y_i^* > \exp(x_i'\beta)$，当且仅当 $\varepsilon_i = v_i - \mu_i > 0$ 时，实际产出的观测值才能位于确定前沿之上。

第四节　财政支农支出减贫的机制分析

目前，我国的扶贫战略从消除绝对贫困到缓解相对贫困的转变，实质是从保障“人的生存”到促进“人的发展”目标的转变。人的发展涉及社会、经济、政治、文化等多个维度，因此，相对贫困的缓解需要财政通过不同的路径综合治理，本书对财政支农支出通过直接减贫、间接减贫以及提高减贫效率三个方面进行探讨。

一、财政支农支出的“输血式”直接减贫机制

财政支农支出的直接减贫效应也称为“输血式”减贫，指的是政府通过财政支农支出向农村居民提供各类支援农业生产服务、对贫困群体进行直接补贴，这种服务的深度和广度能够影响农村个体的初始财富水平与接受教育的机会，进而改善社会福利水平等，强调财政支农支出直接面向贫困群体的影响效应，即直接效应。具体可以从以下四个方面进行讨论。

（一）财政支农支出对农业生产基础的改善

财政支农支出中的农业科技三项费用是政府为支持农业科技事业发展而设立的，包括农业新产品试制费、重要科学研究补助费、对农民的技能培训费，这不仅极大地提高了劳动力素质，同时研究成果将降低农业生产成本，提高农产品质量，增强我国农产品在国内外市场上的竞争力，增加贫困人群收入。农业基本建设支出是指政府对农业的各项固定资产投资，尤其对农村公路、农业水利设施、农村自来水等基础设施的

建设极大地改善了农业生产的外部条件，是保障农村居民进行农业生产的物质基础（谢申祥等，2018）[160]。

（二）财政支农支出的救助式补贴效果

财政支农支出中起到直接减贫作用最显著的为救助式支出，可以分为三类。第一类为面向城乡家庭的政府补助，针对绝对贫困人群、遭受重大变故的家庭，为满足其基本生存需求提供的无偿支付，主要包括低保、五保户补助、特困户补助、救济金及其他政府补助；第二类为对居民某一项损失的补偿，例如退耕还林、工伤人员供养直系亲属抚恤金、赈灾款等；第三类为鼓励和支持居民从事某项活动的补助，如农业补贴。可以看出该类补助不仅包括针对极端贫困人口的政府补助，还包括农村地区、受灾地区或特殊困难家庭等的补助，尽管不同类型的补助目的不同，但从居民角度来看，均是获得一笔可支配收入，可能对家庭经济活动决策产生不同的影响，在一定程度上提高贫穷人口的实际收入水平，为贫困地区注入财政资金，这是保障农村贫困居民基本生活的底线。该类救助式减贫旨在保障贫困人口最基本的生存权，必须达到特定的领取标准，政策瞄准性强，因此救助式财政支农支出减贫效率相对较高，是对贫困群体基本生存需求的积极响应，对解决贫困群体的基本需求具有直接贡献。

（三）从劳动供给角度看减贫效果

部分学者认为财政支农支出可能对就业有负向影响，因为其中的直接补贴会直接增加农民收入，可能会导致“福利依赖”，降低受益者的工作积极性或者减少其劳动供给，从而使其自身收入降低，即为“挤出效应”；也有学者认为公共转移支付会有正向就业效应，因为受益者接受政府补助后可能会参加学习或培训、改善自身健康状况，更有利于在劳动力市场上找到工作或者增加收入，这样公共转移支付对收入则具有“杠杆效应”；同时也可能是公共转移支付不影响居民的就业决策，则为“无效应”。基于福利思想，长此以往，会让贫困家庭产生“救济依赖”，财政减贫效果自然大打折扣。

（四）从收入角度看减贫效果

部分研究是从收入渠道的角度进行分析，认为财政支农支出对不同类型的收入影响效应不同，可区分工资性收入、财产性收入和转移性收入，其中对财产性收入可能无影响，而对其他转移性收入具有负向效应，原因在于公共转移可能对私人转移收入产生挤出效应。根据以上分析，参考李万福等（2017）[161]，本书构建一个简单的分析模型来进一步阐述财政支农支出与贫困家庭自身收入之间的关系：

$$Y = f(X,Z) = \alpha_0 + \alpha_1 \cdot X + \sum \beta \cdot Z \tag{3-19}$$

其中，Y 和 X 分别为家庭总收入与财政支农支出，Z 代表影响家庭收入的其他因素，在传统分析框架下，当 $\alpha_1 > 0$（$\alpha_1 < 0$）时，认为财政支农支出促进（抑制）家庭收入的增长，但值得注意的是，$\alpha_1 > 0$ 并不意味着财政支农支出能够促进家庭收入的提高，因为在财政支农支出部分挤出家庭自身收入的情况下，α_1 仍可能大于0。由于家庭收入 Y 包括家庭自身收入（Y_0）和财政支农支出（X），即

$$Y = Y_0 + X \tag{3-20}$$

结合式（3－19）和式（3－20），可得

$$Y_0 = \alpha_0 + (\alpha_1 - 1) \cdot X + \sum \beta \cdot Z \tag{3-21}$$

根据式（3－21），若财政支农支出增加 $\Delta X > 0$，则家庭自身收入变化量为：

$$\Delta Y_0 = (\partial Y_0 / \partial X) \cdot \Delta X = (\alpha_1 - 1) \cdot \Delta X \tag{3-22}$$

由此可见，当 $0 < \alpha_1 < 1$ 时，虽然财政支农支出与家庭总收入呈现正相关，但是财政支农支出却部分挤出了家庭自身收入，如果要保证财政政策发挥杠杆效应，必须促使贫困家庭增加自身收入，即：

$$\Delta Y_0 > 0 \Leftrightarrow \alpha_1 > 1 \tag{3-23}$$

因此，基于此理论分析模型，短期内，农业生产条件改善，加上农村贫困家庭获得的救助式补贴，家庭总收入一定会增加，在短期内该结论是成立的，但是长期来看，对缩小贫困人口的收入差距、减缓相对贫困的影响不一定是积极的。后文将进行核验，财政支农支出政策是否能够发挥杠杆效应，增加相对贫困家庭的收入水平。

二、财政支农支出的“造血式”间接减贫机制

财政支农支出可以通过促进经济增长，进行产业结构的优化升级，调节农村内部收入分配，为减贫提供制度环境和机制保障，通过该途径间接影响农村贫困状况（苏静和胡宗义，2015）[162]，这一过程也称为“造血式”减贫。而在历史进程中，随着现代化的发展，不可避免地伴随着城镇化的发展，而这是否会加快农村减贫步伐，众多研究也存在较大分歧。下面分别从经济增长、收入分配、产业结构升级和城镇化水平四个方面进行路径阐述。

（一）经济增长的作用路径

根据古典经济增长理论和内生经济增长理论：财政支农支出可以增加农业资本存量，提升农村人力资本，促进农业技术进步，提高全要素生产率，提高农业经济产出水平。因而经济增长是减贫的主要影响变量和重要推动力。实践中经济增长与减贫之间的变化方向可能趋同，也可能相反，这在很大程度上取决于经济增长模式的选择，以及对经济增长数量与质量的权衡。学术界关于经济增长减缓贫困的研究主要集中于两个方面：涓滴式经济增长、益贫式经济增长。

涓滴式经济增长。经济增长会通过资本积累为社会增加就业机会，保障公共服务供给，从而建立一个使社会群体公平享受福利的环境，这种成果将会通过“涓滴效应”自动从高收入阶层向低收入阶层渗透，即优先发展起来的群体或地区通过消费、就业等带动贫困阶层收入的增加，改善社会整体福利水平。同时，市场会自发引导“涓滴效应”的完成，政府宏观调控政策也会加快这种效应的实现。

益贫式经济增长。虽然经济增长带来一系列社会福利，但在目前阶段，世界经济发展仍是以牺牲穷人的利益为代价的。20 世纪 80 年代后期，人们发现，世界上有些国家过度强调经济增长速度，却并没有带来社会整体的同步发展，经济财富持续快速增加并没有向穷人“溢出”，不平等问题愈益严重，以致经济增长过程中常伴随着高度的收入不平等和贫困陷阱，甚至是“贫困化增长”（文雁兵，2015）[67]。因此，必须

从过去的单纯强调经济增长转而重视“益贫式增长”，这不仅要求经济发展成果更多地惠及穷人，更要重视增加贫困劳动者在经济活动中的参与度，合理分享经济增长成果。“益贫式增长”的基础是社会收入分配体系的重构，而其重点在于贫困人口市场参与机会的公平、工资性收入的保证、社会服务向低收入人群的倾斜以及政府的适度支持等，使经济增长成为“大多数人的增长”（蔡昉等，2013）[163]。

在不同的政策制度和发展模式下，不同的经济增长模型的减贫效果是不同的，很有可能会加剧贫困，这在众多国家的经验中得到了验证，部分发达国家，包括我国的一些发达省份，经济高速发展，但是减贫速度与效率却持续低迷，我们必须充分意识到，经济增长只是为减贫打下了一个良好的基础，但并不是充分条件。

（二）收入分配的作用路径

收入不平等和经济增长对经济发展都至关重要。但不幸的是，在1990 年之后，贫困的增加将整个重点转移到有助于减少贫困人口比例的政策上，而不是在经济增长的初始阶段采取适当措施改善收入分配（黎蔺娴和边恕，2021）[164]。产生该种情况的原因不同，但随着劳动力由农业部门向工业部门的转移，很难获得高收入。因此，全世界许多国家都可以看到这种情况下收入不平等的变化（Ravallion，2017）[165]。随着贫困内涵的不断丰富，贫困源于收入分配的不平等和不公平，贫困是收入分配较低的家庭获取基本必需品的斗争（Rivera，2020）[166]。在经济快速增长的过程中，收入分配差距扩大与贫困不断累积的现象愈益严重。Akanbi（2016）认为经济增长不会促进社会收入的平等分配，但反过来，随着收入分配开始趋于平等，经济增长会上升[167]。因此，解决贫困问题，除了依靠经济增长外，合理的分配格局也尤为重要，可以这么说，收入分配的不公是拖累经济发展成果的最重要的因素之一。吕炜和刘畅（2010）根据福利经济学原理，认为在平均收入相同的情况下，收入分配差距的大小决定着贫困群体占有财富的多少，决定了社会福利的增进与否，因此，缩小收入分配差距是减贫的重要路径[79]。改革开放以来的中国发展经历表明，虽然经济高速增长带来人均纯收入的增加是减贫的主要力量，但城乡收入差距的拉大加剧了居民收入不平等程度（陈飞和卢建词，2014）[76]，限制了经济增长带给贫困人口的潜在福利，也弱化了农村减贫的效果。通过财政支农支出，比如农村社会保障支出、贫困户救济金、农业补贴等，能够在一定程度上提高贫困人口的实际收入水平，为贫困地区注入财政资金，缩小收入分配差距。

财政支农支出减贫效应可归结为"输血式"和"造血式"两种模式的融合创新，如图3.4所示。"输血式"减贫目标是有针对性的贫困群体，使其收入增加，与第一种方式不同，"造血式"减贫的目标不仅是增加贫困者的收入或社会福利，而且是要支援和提升农业生产服务体系，促进农村经济增长，提高贫困群体分享经济增长成果的机会和能力，改善农村居民收入分配状况，影响贫困群体的收入福利水平。

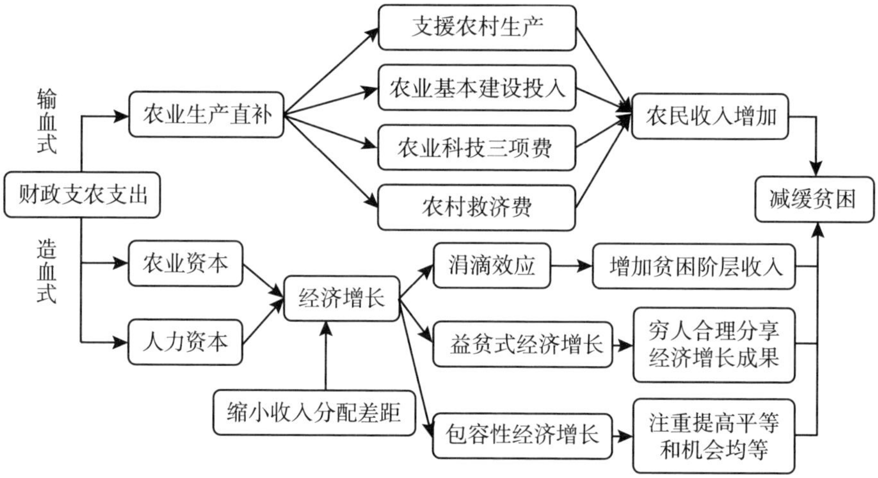

图3.4　我国财政支农支出减贫模式逻辑图

（三）产业结构升级的作用路径

在经济增长的多元化减贫机制中，越来越多的研究关注到产业结构的合理化与产业结构的高度优化均能够影响减贫效果（李东坤和尹忠明，2019）[168]。随着社会经济的不断发展，影响产业集聚的各类要素在第一、第二、第三产业之间的流动性逐渐增强，即随着第二、第三产业的预期收入逐渐提高，第一产业的资本、劳动力和技术等要素总是会从农村转移出来，流向非农产业。这种流动带来的产业结构变迁既推动了经济增长，又使不同产业在生产要素需求的数量、质量和结构等方面发生了变化，影响了生产要素的回报水平，反馈到居民的收入结构上，必然会对贫困状况产生影响，该理论也得到了众多实证结果支撑。张凤华和叶初升（2011）通过1994—2008年的数据支持，认为由于中国农村居民在就业方式和收入结构上发生的巨大转变，第二、第三产业逐渐成为农村居民增加收入的重要来源，因此三次产业发展对农村贫困的影响发生了一定程度的逆转，减贫效应最大的产业由第一产业变成了第二产业[75]。Paul 和 Stefan（2014）指出，非洲要实现农业经济增长与减贫路径一致的目标，需要在农业上做出调整，鼓励增强农业部门与非农部门的相关度，明确新的体制和政策框架[169]。因此，贫困地区在减贫的产业结构选择上，首要目标是改善专业化程度，其次是在多样化的既定前提下，谋求相关多样化，尤其是第三产业的相关多样化（单德朋等，2017）[170]。

（四）城镇化的作用路径

在经济学的语境中，城镇化一般指人口由农村向城市集聚的过程。这种集聚伴随着大量农村剩余劳动力从传统农业部门向工业部门转移，“非农就业效应”不仅提升了要素配置效应，也促进了其收入水平的增长，从而有利于缓解农村收入贫困（谢垩，2020）[171]。张跃和黄帅金（2019）认为城镇化的推进有助于缩小城乡收入差距、工农差距，从而促进农民收入增收，缓解区域经济发展不足导致的群体性贫困[172]。但是城镇化初期是对居民收入增长有积极效应的，长期下去，各种问题由此显现，给原有的农村居民带来消极影响，更加导致城市和农村贫困的发生（崔万田和何春，2018；田雅娟和刘强，2020）[173-174]。彭代彦等（2017）也从非线性的视角，运用门限模型检验发现只有当城镇化率小于68%时才具有减贫作用[175]。因此，城镇化一方面可以对贫困产生正向或负向影响。另一方面，在财政支农支出过程中，对农村居民收入水平有很大提高，可以促进城镇化进程的加快。一个产业的劳动力密集程度决定该产业增长对贫困减少的影响力（Loayza 和 Raddatz，2006）[176]，产业结构的优化升级伴随着第二、第三产业的发展，需要大量的劳动力来支撑，吸引农村劳动力转移，同样可以加快人口城镇化。此外，一个地区的经济发达，势必会吸引更多的人口向城市迁移，同时城市不断扩张，也会带来土地城镇化的发展。

三、财政支农支出减贫效率的理论机制

财政对农业、农村和农民的资金扶持如果能够达到实际预期效果，则表明该财政资金得到了有效运用，财政支农支出的效率达到了最大化。提高财政支农支出的效率，意味着或者减少地方财政资金投入，或者资金产出的增加。达到该目标的途径有两种：一是在保证农业产值的前提下，尽可能地减少不必要的资金投入，加大对资金使用的管理力度，严格规范财政补贴领取流程，坚决杜绝贪污腐败，资金滥用现象的发生，这能够在一定程度上减少政府财政资金效率损失，缓解财政压力。二是在投入财政支农资金以后，要经过多方途径，保障农业生产要素的合理流动，依靠先进技术，优化农业生产设施，推动区域农业产业结构的优化升级，最终提高农业生产要素的积累。

经济增长是现代经济学的核心研究问题之一，本章研究财政支农支出减贫效率属于相关扩展研究。不管哪种减贫模式最终都要靠农业持续经济增长、确保农民收入来最终实现。之前我国财政支农支出扶贫政策主要也是靠农业生产要素投入增加和生产要素使用效率提升，当然社会保障、财政兜底也为绝对贫困人口清零提供坚强信心。关于技术效率的讨论最早来自经济学家所研究的生产函数和生产率概念，按生产投入要素的种类分为单要素生产率和全要素生产率。与资本、劳动和土地单因素生产率相比，所谓全要素生产率更多的是指工艺技术、环境制度、产业结构等对经济增长的综合影响，综合评价投入要素效率提升和技术进步程度。本书的投入变量为财政为支持农业、农村、农民发展的各种资金投入，产出为贫困人口的收入水平或者贫困状况，通过计算技术效率观察财政支农资金配置的影响效应，这也是评价财政支农支出减贫是否有效的一种途径。

第五节　本章小结

本章对相对贫困形成的动因与特征进行阐述，且肯定了从绝对到相对贫困的衔接，然后，从贫困理论、反贫困理论和计量经济模型理论入手，在此基础上，阐述了财政支农支出减贫的直接和间接影响路径以及减贫效率理论机制。本章主要的研究发现有：

第一，财政支农支出具有“输血式”直接减贫效应。政府通过财政支农支出向农村居民提供各类支援农业生产服务，这种服务的深度和广度能够影响农村个体的初始财富水平与接受教育的机会，进而改善社会福利水平等，强调财政支农支出直接面向贫困群体的影响效应。

第二，财政支农支出具有“造血式”间接减贫效应。财政支农支出可以通过促进经济增长，为减贫提供制度环境和机制保障，涓滴式经济增长、益贫式经济增长，支援和提升农业生产服务体系，通过激励农业生产提高收入水平，间接影响农村贫困状况。同时，解决贫困问题，除了依靠经济增长外，合理的收入分配格局也尤为重要。

第三，减贫效率的测算以及影响因素研究也是评价财政支农支出减贫是否有效的一种途径。投入变量为财政为支持农业、农村、农民发展的各种资金投入，产出为贫困人口的收入水平或者贫困状况，通过效率测算，以及通过政策、经济和社会因素探究这种外生变量对财政支农支出减贫效率的影响。

第四章

我国农村相对贫困的指标测度及分析

关于贫困理论的研究通常围绕贫困辨别、贫困测算和反贫困政策等现实问题展开，其中贫困辨别是整个问题研究的出发点，主要目的是对某人群或地区贫困度指数进行设计与测量。而反贫困政策效果的好坏则依靠贫困度指数的精准测量，因此正确设计与测算贫困度指数是进行贫困理论研究的主要前提。值得注意的是，目前关于贫困测度的数据来源主要基于家庭调查（HS）和政府核算统计（NAS），虽然宏观收入分组数据相比于家庭调查的微观收入数据有一定的局限，但因为大样本微观收入数据难以保证数据的长期性和连续性，收入分组数据作为长期相对贫困变动的研究仍不失为一种选择（胡联等，2021）[177]。因此，本章立足于国民经济核算中的收入分组宏观数据，构建收入分布函数，最终结合 *FGT* 贫困指数测算能够反映贫困广度、贫困深度和贫困强度等指标体系，并进行区域分析，为后续财政支农反贫困政策的研究奠定基础。

第一节　相对贫困测度的模型与方法

贫困的内涵是多方面的，关于贫困的度量方式也随着时间的推移发生了不同的变化。人们最初主要从收入和消费角度定义贫困等基础指标测算贫困程度，贫困主要指低于某一特定社会生活标准的现象。比如以贫困人口数量、贫困发生率、农村居民收入水平、恩格尔系数等衡量贫困状况。后来，随着贫困内涵的不断丰富，学者考虑到人口基数的增加和生活水平的上升，单纯的居民收入增加以及贫困发生率的下降并不一定意味着贫困状况的真正改善，此类贫困指标略显粗糙。后续众多学者对贫困测量问题进行研究，涌现出 *SST* 指数、扩展的 *SST* 指数以及 *FGT* 指数等方法，基于现实需要，本书选择能够衡量贫困广度、贫困深度和贫困强度的 *FGT* 指数进行相对贫困测度。

一、*FGT* 贫困指数

Sen 的观点认为，任何一种贫困度指数设计，都应该对贫困线以下人数、穷人收入与贫困之间差距敏感。从各种贫困度指数等指标权重设计看，都贯穿了较贫穷的家庭应该拥有较高权重的思想。2020 年我国实现全面绝对脱贫的阶段目标，目前正进入从绝对贫困消除转向相对贫困治理的新阶段，探讨相对贫困线以及相对贫困线下的贫困人数、收入与贫困差距和贫穷不平等问题，成为当今重要的现实问题。由 Foster、Greer 以及 Thorbecke（1984）[178]构建的 *FGT* 贫困指数，通过对深度贫困人群灵活赋予权重，能够度量包含贫困广度、贫困深度、贫困强度三项贫困测度指标，对贫困程度的反映更直接，也更细致，有望成为反映我国目前农村贫困状况的合适指标。

（一）一般定义

在离散情况下，*FGT* 贫困指数由两个因素决定：贫困线和一个可获取的数据样本 $x=(x_1,x_2,\cdots,x_n)$，定义如下：

$$p_\alpha(x,z)=\frac{1}{n}\sum_{i=1}^{q}\left(\frac{z-x_i}{z}\right)^\alpha，当 x_i\geqslant z，则 z-x_i=0 \tag{4-1}$$

式中：n 表示人口总数，q 表示贫困人口数，x_i 为贫困人口的收入，z 表示贫困线。当 $\alpha=0$ 时，*FGT* 表示贫困人口在总人口中的比例，即贫困发生率，用 *H*（Head - count Poverty）来表示。该指标为贫困广度指标，是贫困度量最常用的指标，可以用来测度贫困的规模。当 $\alpha=1$ 时，*FGT* 表示贫困差距率，用 *PG*（Poverty Gap Ratio）来表示。该指标度量了相对于贫困线而言，贫困人口的平均相对收入短缺，它反映了所有贫困人口的平均贫困水平，即贫困人口收入与贫困线间的平均距离，即贫困人口平均丢失（Average Deprivation），代表了贫困深度指标。但 *H* 和 *PG* 指标仍然不能反映贫困人口内部的收入转移变化。当 $\alpha=2$ 时，*FGT* 表示贫困强度，用 *SPG*（Squared Gap Index）表示，考虑了贫困人口之间的不平等，越贫困的人口在其中的权重越大，解释的是某一地区贫困的严重程度。

随着 α 取值越大，*FGT* 指数对贫困人口的收入分布越敏感，对更低收入的贫困人口关注程度更强。贫困深度和贫困强度是指穷人收入分布的不均度，收入差距越大，收入分布的均衡性越差，扶贫难度越大。值得注意的是，选取 *H*、*PG* 和 *SPG* 作为反映我国农村贫困的指标体系，三维表现可能是一致的，也可能是背离的：贫困人数的增加未必伴随着贫困缺口的扩大，穷人收入差距的缩小也未必意味着穷人收入的提高。

（二）指数分解

FGT 指数被学者们广泛应用的另一个原因是它的加法可分解性，这给具体测算某一地区 *FGT* 贫困指数带来方便，可以考虑将地区人口按行政隶属划分为若干子群组分别处理。自 20 世纪 90 年代开始，国外一

些学者如 Kakwani 和 Subbarao（1990）[149]、Suresh 和 Jain（1990）[179]、Datt 和 Ravallion（1992）[180]、Anthony 和 Shorrocks（2013）[181]、Kakwani 和 Krongkaew（2000）[182]还就贫困指数变动从收入增长 μ 和收入分配 L 两个视角进行动态分解，这也为动态分析我国农村贫困情况提供指导。

1. 子群分解与聚集算法

将某地区总人口划分为 m 个子群组 $x^1,x^2,\cdots,x^m$，相应子组人口为 $n_i(i=1,2,\cdots,m)$，地区总贫困指数可以写成每个子群组贫困指数的人口加权平均：

$$P_\alpha(x^1,x^2,\cdots,x^m,z)=\sum_{i=1}^{m}\frac{n_i}{N}p_\alpha(x^i,z) \tag{4-2}$$

其中，N 表示人口总数，$P_\alpha(x^i,z)$ 表示各个子群组计算出的贫困指数，P_α 为聚集后地区总的贫困指数。进一步第 i 分组对总贫困水平的贡献可以计算如下：

$$C_{\alpha i}=\frac{P_\alpha(x^i,z)n_i}{P_\alpha N} \tag{4-3}$$

为了动态评估群体内的贫困变化和群体间的人口转移如何影响总贫困水平的变化，Oyekale 等（2007）[183]提出如下动态分解，本章实证分析中使用了这一做法：

$$\Delta P_\alpha=\sum_{i=1}^{m}\frac{(n_i^{t_1}+n_i^{t_2})}{2}(P_{\alpha i}^{t_2}-P_{\alpha i}^{t_1})+\sum_{i=1}^{m}\frac{(P_{\alpha i}^{t_1}+P_{\alpha i}^{t_2})}{2}(n_i^{t_2}-n_i^{t_1}) \tag{4-4}$$

其中，第一部分是“群体内效应”，解释了子群组内随时间变化带来的总变化，而第二部分是“人口效应”，解释了子群组间人口流动变化带来的总变化，$[t_1,t_2]$ 为考察时间段。

2. 基于洛伦兹（Lorenz）曲线回归方法

连续情况下，FGT 贫困指数完全由三个因素决定：贫困线、收入平均值和收入分布：

$$P_\alpha=P(z,\mu,f(\cdot)) \tag{4-5}$$

通常 FGT 贫困指数的测算依赖于对收入分布的概率密度函数 $f(x)$ 的估计，基于收入分布函数和洛伦兹曲线之间的等价性，其可转化为洛

伦兹曲线 $L(p)$ 的表达形式：

$$P_\alpha = \int_0^H \left(\frac{z - L'(p)\mu}{z}\right)^\alpha dp, \quad \alpha = 0,1,2 \tag{4-6}$$

其中，$L(p)$ 为反映居民收入的洛伦兹曲线方程，L 为累计收入比例，p 为累计人口比例，$\mu = \int_0^\infty xf(x)dy$ 为居民平均收入水平，$H = z/\mu$，$L'(p)$ 为洛伦兹曲线的导函数。通常选取 GQ 模型或 Beta 模型来拟合洛伦兹曲线 $L(p)$，然后再给出具体 FGT 贫困指数计算。

（1）洛伦兹曲线 $L(p)$ 为 GQ 模型情况。

步骤一：利用收集人口百分比和收入百分比数据 $\{p_i, L_i\}$，分别应用最小二乘法（OLS）估计如下二次曲线模型，得到 GQ 模型参数估计 $\hat{a}$，$\hat{b}$，$\hat{c}$：

$$L_i(1 - L_i) = a(p_i^2 - L_i) + bL_i(p_i - 1) + c(p_i - L_i) + \varepsilon_i \tag{4-7}$$

步骤二：利用如下公式计算出 FGT 贫困指数 H、PG 和 SPG：

$$\begin{cases} H = -\dfrac{1}{2m}\left\{n + r\left(\hat{b} + \dfrac{2z}{\mu}\right)\left[\left(\hat{b} + \dfrac{2z}{\mu}\right)^2 - m\right]^{-\frac{1}{2}}\right\} \\ PG = H - \left(\dfrac{\mu}{z}\right)L(H) \\ SPG = 2(PG) - H - \dfrac{\mu}{z}\left[\hat{a}H + \hat{b}L(H) - \dfrac{r}{16}\ln\left(\dfrac{1 - H/s_1}{1 - H/s_2}\right)\right] \\ \text{其中：} \\ \qquad e = -(\hat{a} + \hat{b} + \hat{c} + 1),\ m = \hat{b}^2 - 4\hat{a},\ n = 2\hat{b}e - 4\hat{c} \\ \qquad r = (n^2 - 4me^2)^{\frac{1}{2}},\ s_1 = \dfrac{r - n}{2m},\ s_2 = -\dfrac{r + n}{2m} \end{cases} \tag{4-8}$$

（2）洛伦兹曲线 $L(p)$ 为 Beta 模型情况。

步骤一：利用收集人口百分比和收入百分比数据 $\{p_i, L_i\}$，分别应用最小二乘法（OLS）估计如下 Beta 曲线模型，得到其模型参数估计 $\hat{\theta}$，$\hat{\gamma}$，$\hat{\delta}$：

$$\ln(p_i - L_i) = \ln\theta + \gamma\ln p_i + \delta\ln(1 - p_i) + \varepsilon_i \tag{4-9}$$

步骤二：利用如下公式计算出 FGT 贫困指数 H、PG 和 SPG：

$$
\begin{cases}
\hat{\theta}H^{\hat{\gamma}}(1-H)^{\hat{\delta}}\left[\dfrac{\hat{\gamma}}{H}-\dfrac{\hat{\delta}}{1-H}\right]=1-\dfrac{z}{\mu}, \text{ H 以隐函数给出} \\
PG=H-\left(\dfrac{\mu}{z}\right)L(H) \\
SPG=\left(1-\dfrac{\mu}{z}\right)\left[2(PG)-\left(1-\dfrac{\mu}{z}\right)H\right] \\
\qquad +\hat{\theta}^2\left(\dfrac{\mu}{z}\right)^2\left[\hat{\gamma}^2B(H,2\hat{\gamma}-1,2\hat{\delta}+1)-2\hat{\gamma}\hat{\delta}B(H,2\hat{\gamma},2\hat{\delta})\right. \\
\qquad \left.+\hat{\delta}^2B(H,2\hat{\gamma}+1,2\hat{\delta}-1)\right] \\
\text{其中：} \\
\qquad L(p)\overset{\Delta}{=}p-\theta p^{\gamma}(1-p)^{\delta} \\
\qquad B(k,r,s)\overset{\Delta}{=}\int_0^k x^{r-1}(1-x)^{s-1}dx
\end{cases}
\tag{4-10}
$$

二、相对贫困线的选择依据

2020 年我国实现全面绝对脱贫的阶段目标，目前正进入从绝对贫困消除转向相对贫困治理的新阶段。探讨相对贫困线以及相对贫困线下的贫困人数、收入与贫困差距和贫穷不平等问题，成为当今重要的现实问题。

贫困线的制定标准是必须满足当前社会条件下的最低生活线，这也是政府判断救助对象的一项标准，是社会保障制度的重要内容之一。在贫困指数的测算中，贫困线（即贫困标准）是进行贫困测量的基础，不同的贫困线对应的贫困度量结果是不同的。我国制定 2020 年全面脱贫目标实现着眼于绝对贫困的消除，当绝对贫困消除以后，如何解决相对贫困成为新时期党和国家重大现实问题。关于贫困线的确定有绝对法和相对法两种衡量方法。

绝对法提出的基本前提是要满足人们在解决基本饮食需求、住房、穿衣等生活必需品的最低标准。早在 1990 年，世界银行通过对世界人口的调查总结，确定出每人每日 1 美元的国际通用贫困线标准，各个国家根据该国际标准，结合本国经济发展状况和收入消费水平，可以分设适合本国国情的绝对贫困线。由于我国贫困问题由来已久，针对反贫困的努力早在1985年就已经成为国家重点计划，国家统计局在1985年根据“最低食物支出——恩格尔系数”法确定我国的绝对贫困线，此后根据每年变化的农村消费价格指数进行动态调整。2000年，“八七”扶贫攻坚计划顺利结束，我国采用农村最低收入标准作为新的贫困线，新的贫困线较原来以最低食物支出确定的绝对贫困线高，基本上与世界银行确定的每人每日1$的贫困线标准持平。在2008年，国家统计局重新提出了能满足基本温饱和穿衣要求的低收入贫困线，为每人每年1196元。2011年，原有的贫困线已经无法满足我国的现实情况，中央决定将农民人均纯收入2300元（2010年不变价）作为新的国家扶贫标准，这基本达到了联合国千年发展目标中消除极端贫穷和饥饿的要求。大部分文献采用在研究反贫困政策时均采用绝对贫困标准（宋扬和赵君，2015；江克忠和刘生龙，2017；罗良清和平卫英，2020）[184-186]。

相对法贫困线的设定原则是按照社会中等收入或社会平均收入的一定比例作为贫困的临界线。从国际实践经验看，具有可操作性的相对贫困线的设定方式是：选取居民中位收入的50%或60%作为相对贫困线，如澳大利亚、英国、意大利、法国、德国等发达国家，也有部分OECD成员国的美国、加拿大和日本则是以社会平均收入的40%作为相对贫困线。但也有一些学者对此却不认同，认为现阶段，收入分配的不合理导致居民收入差距过大，低收入和高收入差距悬殊，收入均值由于受高收入影响过大而无法反映真实的平均收入状况。基于此，Ravallion和Chen（2013）[32]在弱相对贫困线的基础上，提出了能反映各国贫困现实的国际相对贫困线，重新定义了参照收入的数量计算方法：

$$z_1 = 1.90 + \max[0.7(1 - G_j)m - 1.00] \tag{4-11}$$

其中，z_1为相对贫困线，G_j表示j国居民收入的基尼系数，m表示国民收入均值，1.90和1.00的单位均为美元。当用中国的农村居民可支配收入平均值和基尼系数分别衡量式（4-11）中的m和G_j，运用PPP（购买力平价指数）进行调整，最终计算出适合中国农村的国际相对贫困线z_1为每人每年3880元（张楠等，2021）[123]。

王小林和冯贺霞（2020）[187]分析了国际经验直接引用到中国存在

的不足，国内众多学者也针对国内不同的现状提出了适合中国国情的相对贫困线制定方法。例如，叶兴庆和殷浩栋（2019）认为，中国2020年后应按中位收入比例法制定相对贫困线[40]。沈扬扬和李实等（2020）认为在城乡差距较大的阶段使用“城乡一条相对贫困线”相对贫困标准，则八成以上贫困人口仍分布在农村，弱化了城镇贫困的重要性。建议分城乡设置相对贫困标准，并将相对贫困标准设定为（分城乡）居民中位收入的40 %[41]。孙久文和夏添（2019）提出，中国2020年后建议采取分区域、分时段设立不同的相对贫困线方法。分区域指的是沿海发达地区和内陆欠发达地区分设，而分时段指的是相对贫困线要根据居民收入变化动态调整，建议每五年上调一次为宜[12]。这种设定方式改变了“一刀切”的绝对贫困线衡量，随着社会的经济发展、居民收入的提高、区域发展不均衡的现状而分别设立，这使贫困人口接受的援助水平与社会大多数人的收入增长同步，使贫困人口也受益于经济成果，共享社会发展。同时，便于学术和政策研究的国际比较。

本书的目的是探讨相对贫困线以及相对贫困线下的贫困人数、收入与贫困差距和贫穷不平等问题，因此，借鉴解垩和李敏（2020）[13]的做法，将2011年的农村人均可支配收入中位数的40%作为相对贫困线，其余年份根据价格指数进行调整，以此进行后续研究。

三、变量说明与数据来源

目前关于贫困测度的数据来源主要基于家庭调查（HS）和政府核算统计（NAS）等（Dhongde，2013）[188]。虽然宏观收入分组数据相比于大样本微观收入数据有一定的局限，但因为大样本微观收入数据难以保证数据的长期性和连续性，收入分组数据作为长期相对贫困变动的研究仍不失为一种选择（胡联等，2021）[177]。因此，本书选择使用国家统计局、《中国统计年鉴》《中国农村统计年鉴》以及各省相应年份统计年鉴等官方数据。由于中国目前贫困地区仍大部分分布在农村地区，因此选取的指标均为农村地区收入数据，以收入分布数据自身驱动的方式来客观估计相对贫困标准（陈永伟等，2022）[26]。但部分省份部分年份农村人均纯收入分组数据未全部列出，如山东、天津、上海等，为便于分析，本书参考侯石安和谢玲（2014）[189]，将未列出省份2001—2020年农村居民人均收入作为分组数据的中间20%作为农村人口的收入水平值，按照平均收入增长率，并参照城镇、全市或者全国居民分组数据中收入最低20%、较低20%、中间20%、较高20%和最高20%五组数据之间的差异比例，倒推出其他年份农村居民分组收入水平数据。自2014年开始，使用农村居民人均可支配收入代替了人均纯收入指标，但经过学者验证，二者具有衔接性。

本章采用前述洛伦兹（Lorenz）曲线回归方法，在全面收集收入分组数据、贫困线和农村人均纯收入数据等基础上，完成*FGT*各个贫困指数计算，得到2001—2020年我国30省（自治区、直辖市）① 贫困广度（*H*）、贫困深度（*PG*）和贫困强度（*SPG*）指标数据。

第二节　相对贫困现状的综合分析

一、相对贫困现状的全样本分析

利用测算出的2001—2020年30个省份的FGT 3个指标数据，依据经济地理位置将其分为东部11省（北京、天津、河北、辽宁、上海、江苏、浙江、福建、山东、广东和海南）、中部8省（山西、吉林、黑龙江、安徽、江西、河南、湖北、湖南）和西部11省（四川、重庆、贵州、云南、陕西、甘肃、青海、宁夏、新疆、广西、内蒙古）三大区域，以此分别对比讨论我国农村贫困状况。图4.1分别给出了2001—2020年东、中、西部农村贫困发生率*H*、贫困深度*PG*、贫困强度*SPG*等指标趋势。总体来看，分别以贫困发生率、贫困距和平方贫困距所衡量的农村贫困广度、贫困深度和贫困强度基本呈现出一致性的下降趋势，三大地区的差距正在逐渐缩小。说明在样本期内，中国各地区农村

① 基于数据可得性，暂不考虑西藏。

贫困发生的广度显著被遏制，极端贫困人口的收入状况改善明显，最终使农村贫困人口内部的收入不平等程度在整体上也有所降低，贫困规模得到了有效控制。除在2007—2017年中部地区的贫困深度超过西部地区外，不论是贫困广度、贫困深度和贫困强度，西部地区都处于最高点，其次为中部地区，东部地区最低，这与经济发展、居民的初始生活水平以及地理位置等因素有很大关系。值得注意的是自2015年开始，贫困广度、贫困深度和贫困强度的降低趋势变缓，这也呼应了习近平总书记提出的脱贫攻坚已经到了啃硬骨头、攻坚拔寨的冲刺阶段，此外，2015—2018年，中部地区的贫困深度和贫困强度、西部地区的贫困强度出现小幅翘尾，有所波动，这说明近年来极端贫困人口的收入状况开始恶化，中西部农村贫困人口内部的收入不平等现象开始加剧，但总体趋势来看都在朝着良好趋势发展。

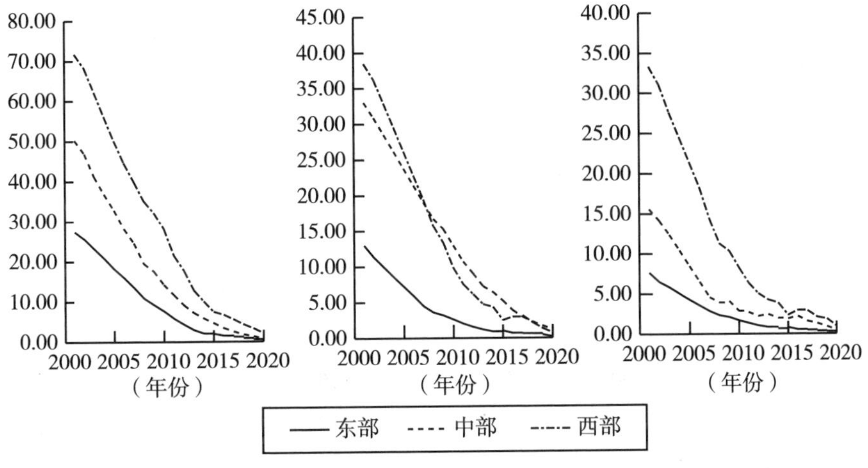

图4.1　2001—2020年贫困发生率、贫困深度、贫困强度趋势

二、相对贫困现状的异质性分析

从表4.1可以看出，各省（市）中贫困广度平均值低于全国综合平均水平（19.00）的省份总计17个，其中上海、北京、广东、浙江、天津位于全国各省（市）排名前5位，而陕西、青海、云南、贵州、甘肃的贫困广度状况较差，排在全国后5位，贫困发生率最少的上海

（2.62）与最高的甘肃（37.03）相差34.41，后者比前者的贫困发生率高13倍多，省际差距较明显。观察三大地区内部省份，东部地区11个省中，全国排名前10的省份占了9个，剩余的两个省份河北和海南的排名分别在第15位和第20位，总体上表现非常优越，平均贫困广度值为9.72，排在三大地区首位，这当然得益于东部地区得天独厚的地理条件以及发达的经济状况。中部地区的湖北在脱贫上表现最好，排在全国第10位，是除东部地区外，唯一一个位于前10名的省份，中部地区其他7个省份的排名也均在前20，排名分布较为集中，其平均贫困广度值为18.02，位列三大地区第2名。西部地区在脱贫上表现最好的是四川，位列全国13名，除此之外，西部地区其余省份的排名均在20名开外，占据了全国倒数后10位，这导致整个西部地区的平均贫困广度为29.00，排在末位，比排名第1的东部地区高19.72。

表4.1　　分区域和省份的相对贫困广度现状

地区	省份	2001年	2005年	2010年	2015年	2020年	平均值	排名
东部地区	上海	8.364	5.679	0.737	0.000	0.000	2.621	1
	北京	12.216	5.368	0.963	0.023	0.000	2.902	2
	广东	19.848	12.722	5.180	0.496	0.000	6.305	3
	浙江	18.122	11.505	5.071	1.818	0.328	6.462	4
	天津	18.958	13.245	6.105	0.134	0.000	6.884	5
	江苏	27.043	17.058	4.257	0.798	0.001	8.305	6
	福建	28.954	18.711	7.077	1.067	0.003	9.503	7
	山东	37.736	21.427	10.306	1.353	0.021	11.932	8
	辽宁	33.905	21.139	8.581	4.932	2.720	12.468	9
	河北	46.527	34.421	16.617	4.611	1.264	18.603	15
	海南	49.730	39.093	19.418	7.022	0.024	20.949	20
	平均值	—	—	—	—	—	9.721	
中部地区	湖北	48.472	29.712	7.218	2.933	0.579	15.138	10
	吉林	51.836	26.479	11.579	4.050	0.738	16.192	11
	黑龙江	52.327	28.377	12.956	4.106	1.568	16.207	12

续表

地区	省份	2001 年	2005 年	2010 年	2015 年	2020 年	平均值	排名
中部地区	江西	47.722	35.063	16.355	4.579	0.143	18.179	14
	湖南	49.729	35.607	15.774	3.805	0.471	18.836	16
	山西	45.512	34.482	18.751	5.978	0.058	18.869	17
	河南	53.289	36.680	12.833	5.510	1.574	20.028	18
	安徽	52.945	36.677	18.352	6.356	1.123	20.684	19
	平均值	—	—	—	—	—	18.017	
西部地区	四川	45.594	32.070	12.558	6.610	2.594	17.270	13
	重庆	63.589	38.911	21.935	8.955	2.532	24.095	21
	内蒙古	59.044	43.285	24.025	4.080	0.539	24.577	22
	广西	63.484	47.499	22.027	4.802	0.382	25.092	23
	新疆	78.932	49.928	32.578	7.003	0.278	29.772	24
	宁夏	77.220	52.390	32.356	7.118	1.759	30.780	25
	陕西	73.485	57.855	24.894	6.716	3.206	30.938	26
	青海	79.369	47.389	35.468	8.021	2.928	31.693	27
	云南	80.932	53.932	34.235	9.005	1.864	32.458	28
	贵州	84.638	61.865	35.771	8.823	4.272	35.342	29
	甘肃	83.052	66.439	34.919	10.795	2.400	37.033	30
	平均值	—	—	—	—	—	29.005	

从表 4.2 可以看出，各省（市）中贫困深度平均值低于全国综合平均水平（10.30）的省份总计 17 个，其中北京、上海、广东、天津和江苏位于全国各省（市）排名前 5 位，而山西、新疆、吉林、安徽和黑龙江的贫困深度状况较差，排在全国后 5 位，贫困深度最少的北京（0.66）与最高的黑龙江（24.27）相差 23.61，后者比前者的贫困深度高 35 倍多，省际差距较明显。观察三大地区内部省份，东部地区 11 个省中，全国排名前十的省份占了 8 个，剩余的三个省份辽宁、河北和海南的排名分别在第 13 位、第 14 位和第 16 位，总体上表现非常优越，平均贫困广度值为 4.01，排在三大地区首位，这当然得益于东部地区得天独厚的地理条件以及发达的经济状况。中部地区的湖北和河南在脱

贫上表现最好，排在全国第9位和第10位，是除东部地区外，唯二位于前10名的省份，中部地区的山西、吉林、安徽和黑龙江表现不佳，在全国排在后5位。西部地区在脱贫上表现最好的是四川，位列全国11名，表现最差的新疆排在全国27位，中部地区和西部地区均有省份排在全国后5位，导致中西部地区贫困深度平均值相差非常微弱，分别为13.93和14.02。

表4.2　　分区域和省份的相对贫困深度现状

地区	省份	2001年	2005年	2010年	2015年	2020年	平均值	排名
东部地区	北京	3.738	1.235	0.046	0.000	0.000	0.657	1
	上海	3.415	1.327	1.002	0.427	0.000	0.915	2
	广东	6.152	2.216	0.223	0.495	0.000	1.176	3
	天津	7.267	4.628	1.795	0.233	0.158	2.440	4
	江苏	10.107	5.163	1.133	0.331	0.000	2.588	5
	浙江	11.332	5.779	1.849	0.509	0.056	3.119	6
	福建	11.720	6.470	1.861	0.097	0.000	3.204	7
	山东	14.184	7.352	1.537	0.363	0.125	4.295	8
	辽宁	16.068	10.866	7.041	4.932	1.389	7.718	13
	河北	26.890	15.138	5.714	1.428	0.147	8.002	14
	海南	32.155	19.447	6.546	2.496	0.138	10.007	16
	平均值	—	—	—	—	—	4.011	
中部地区	湖北	15.442	9.230	2.588	0.896	0.374	4.787	9
	河南	19.368	10.698	1.999	1.871	0.116	6.066	10
	江西	21.984	13.531	5.291	0.995	0.000	6.900	12
	湖南	29.486	17.079	5.015	0.681	0.000	8.591	15
	山西	38.888	29.706	18.751	5.978	0.157	17.062	26
	吉林	43.323	33.608	21.066	9.273	1.964	20.584	28
	安徽	45.205	36.362	25.211	11.730	3.172	23.141	29
	黑龙江	50.458	40.110	23.864	10.378	3.784	24.267	30
	平均值	—	—	—	—	—	13.925	

续表

地区	省份	2001 年	2005 年	2010 年	2015 年	2020 年	平均值	排名
西部地区	四川	20.439	10.817	2.882	2.779	1.368	6.458	11
	广西	32.171	20.290	7.171	0.921	0.000	10.263	17
	重庆	34.914	22.595	7.073	1.894	0.279	11.433	18
	陕西	37.952	25.576	8.790	1.696	1.390	14.184	19
	内蒙古	32.274	23.570	15.293	0.913	0.000	14.191	20
	云南	40.183	27.639	9.759	3.058	0.853	14.563	21
	青海	44.013	30.266	10.850	3.150	0.739	16.029	22
	宁夏	42.698	30.577	10.197	3.639	0.838	16.195	23
	贵州	45.882	31.526	11.656	3.133	1.369	16.520	24
	甘肃	47.407	32.286	12.877	3.090	0.124	16.967	25
	新疆	45.687	32.975	11.828	3.179	1.241	17.363	27
	平均值	—	—	—	—	—	14.015	

从表 4.3 可以看出，各省份中贫困强度平均值低于全国综合平均水平（6.49）的省份总计 18 个，其中北京、广东、上海、江苏和浙江位于全国各省份排名前五，而内蒙古、云南、宁夏、青海和新疆的贫困强度状况较差，排在全国后五位，贫困强度最少的北京（0.25）与最高的新疆（17.23）相差 16.98，后者比前者的贫困发生率高 67 倍多，省际差距较明显。观察三大地区内部省份，东部地区 11 个省中，全国排名前 10 的省份占了 8 个，剩余的 3 个省份河北、海南和辽宁的排名分别在第 11 位、第 14 位和第 20 位，总体上表现非常优越，平均贫困强度值为 2.41，排在三大地区首位，这当然得益于东部地区得天独厚的地理条件以及发达的经济状况。中部地区的湖北和山西在脱贫上表现最好，排在全国第 9 位和第 10 位，是除东部地区外，唯二位于前 10 名的省份，中部地区其他 7 个省份的排名也均在前 21，排名分布较为集中，其平均贫困强度值为 5.02，位列三大地区第 2 名。西部地区在脱贫上表现最好的是广西，排在全国第 16 位，其次为四川的第 18 位，除此之外，西部地区其余省份的排名均在 20 名开外，占据了全国倒数后 9 位，这导致整个西部地区的平均贫困广度为 11.65，排在末位，比排名第一

的东部地区高 9. 24。

表 4. 3　　　　分区域和省份的相对贫困强度现状

地区	省份	2001 年	2005 年	2010 年	2015 年	2020 年	平均值	排名
东部地区	北京	0. 854	0. 217	0. 028	0. 000	0. 000	0. 246	1
	广东	3. 024	0. 715	0. 013	0. 494	0. 000	0. 470	2
	上海	3. 504	1. 327	1. 002	0. 427	0. 000	0. 919	3
	江苏	4. 705	2. 097	0. 559	0. 285	0. 000	1. 123	4
	浙江	4. 978	2. 336	0. 924	0. 192	0. 004	1. 304	5
	福建	6. 528	3. 190	0. 673	0. 012	0. 000	1. 559	6
	天津	6. 247	3. 638	1. 356	0. 564	0. 023	1. 941	7
	山东	9. 577	5. 239	1. 116	0. 133	0. 000	2. 578	8
	河北	12. 750	7. 742	2. 707	0. 605	0. 218	3. 961	11
	海南	15. 563	9. 355	3. 044	1. 211	0. 003	4. 718	14
	辽宁	16. 310	11. 031	7. 040	4. 932	1. 385	7. 705	20
	平均值	—	—	—	—	—	2. 411	
中部地区	湖北	11. 764	5. 922	1. 314	0. 478	0. 017	3. 081	9
	山西	12. 777	6. 438	1. 851	0. 602	0. 488	3. 452	10
	河南	18. 191	7. 867	0. 473	0. 871	0. 148	4. 368	12
	江西	16. 869	8. 820	2. 403	0. 293	0. 000	4. 566	13
	湖南	17. 931	9. 630	2. 187	0. 164	0. 000	4. 749	15
	黑龙江	15. 985	8. 353	0. 674	3. 057	0. 493	5. 298	17
	吉林	15. 089	9. 713	6. 902	4. 700	0. 490	6. 927	19
	安徽	15. 993	10. 866	7. 041	4. 932	2. 033	7. 747	21
	平均值	—	—	—	—	—	5. 023	
西部地区	广西	15. 775	10. 276	3. 237	0. 239	0. 004	5. 029	16
	四川	17. 572	9. 034	4. 083	4. 615	1. 488	6. 178	18
	重庆	28. 326	17. 058	4. 257	0. 798	0. 004	8. 369	22
	陕西	31. 565	17. 658	4. 366	0. 583	1. 951	10. 175	23
	甘肃	35. 637	21. 096	6. 549	1. 205	0. 165	10. 796	24

续表

地区	省份	2001 年	2005 年	2010 年	2015 年	2020 年	平均值	排名
西部地区	贵州	38.078	21.440	5.249	4.552	1.740	12.339	25
	内蒙古	26.111	19.475	15.292	0.277	0.011	12.392	26
	云南	41.250	23.164	8.025	1.179	0.257	12.396	27
	宁夏	44.985	32.130	11.955	2.949	0.849	16.393	28
	青海	42.380	31.745	15.401	2.669	1.849	16.810	29
	新疆	45.093	32.070	12.558	6.610	2.195	17.225	30
	平均值	—	—	—	—	—	11.646	

综上所述，三大地区的贫困指数自西向东逐渐递减，东部地区占据全国贫困指数最低的 8 个省份，而西部地区的排名几乎占据了全国后 10 位，这表明，我国各省的相对贫困广度与当地的经济发展水平，地理位置息息相关，东部地区的贫困状况已经得到了很好的控制，相对贫困人口最少，而西部地区由于经济、地理、人文等因素，历来就是脱贫攻坚的难点，在今后相对贫困的治理过程中，对中西部地区要因地制宜，重点关注。

第三节　相对贫困未来趋势的收敛分析

一、相对贫困的 σ – 收敛性分析

为直观认识各地区贫困指数收敛性和稳定性，本章首先基于 σ – 收敛模型，即无条件收敛模型，反映各地区贫困广度、贫困深度和贫困强度的变动趋势。如果贫困在不同地区之间的分散度随着时间的推移而减少，则存在收敛（Lichtenberg，1994）[190]。我们考虑以下回归模型（Wang 等，2019）[191]：

$$\mathrm{var}(\ln P_t) = \phi_0 + \phi_1 t + \varepsilon_t \tag{4-12}$$

其中，$var(\ln P_t)$ 是时间 t 时各地区贫困指数的方差，P 依次代表贫困广度（H）、贫困深度（PG）和贫困强度（SPG）。ε_t 是均值为零且方差为常数的随机扰动。如果 $\phi_1 < 0$，则存在 σ 收敛（Mc Cunn 和 Huffman，2000）[192]。使用全样本数据和三个分区域的面板进行 σ－收敛测试，这些分区域按省份的地理位置和经济区域由东部、中部、西部进行聚类。因此，通过将省级贫困状况的年度横截面方差与时间趋势进行回归，即借助于 OLS 拟合公式（4－12），可对所有省份和每个地理经济组进行标准 σ－收敛测试。根据表 4.4，所有地区的时间趋势系数均为负，且通过了 1% 的显著性水平，表明出现 σ－收敛，且收敛程度为 $PG > SPG > H$。其中，在贫困广度（H）收敛性分析中，东部地区的收敛系数绝对值最大，为 1.999，超过了全样本数据的 1.137，西部地区的系数绝对值最低，为 0.014。在贫困深度（PG）收敛性分析中，东部地区的收敛系数绝对值最大，为 2.773，超过了全样本数据的 1.936，西部地区的系数绝对值最低，为 0.302。在贫困强度（SPG）收敛性分析中，东部地区的收敛系数绝对值最大，为 2.131，超过了全样本数据的 1.769，西部地区的系数绝对值最低，为 0.492。总的来说，收敛程度来说，东部地区 > 全样本 > 中部地区 > 西部地区。

表 4.4　我国农村贫困估计绝对 σ－收敛

	H	PG	SPG
全样本	−1.137*** [−5.20]	−1.936*** [−8.26]	−1.769*** [−7.09]
东部地区	−1.999*** [−4.59]	−2.773*** [−8.52]	−2.131*** [−6.99]
中部地区	−0.029*** [−2.71]	−0.452** [−2.17]	−0.710*** [−2.94]
西部地区	−0.014* [−1.99]	−0.302*** [−2.79]	−0.492*** [−4.65]

注：***、**、* 分别表示在 1%、5% 和 10% 的显著性水平上显著，[ ] 内为 t 统计量。

二、相对贫困的 β - 收敛性分析

β - 收敛是根据不同区域初始所存在的差异，从长期变动趋势视角判断各地区在收敛后所达到的稳态差异和发展趋势，并根据是否将外在影响因素纳入收敛条件，分为绝对 β - 收敛和条件 β - 收敛。绝对 β - 收敛模型和条件 β - 收敛模型分别如式（4 - 13）和式（4 - 14）所示：

$$\ln\left(\frac{P_{it}}{P_{it-1}}\right) = \alpha + \beta\ln(P_{it-1}) + \varepsilon_{it} \tag{4-13}$$

$$\ln\left(\frac{P_{it}}{P_{it-1}}\right) = \alpha + \beta\ln(P_{it-1}) + \gamma X_{it\ 1} + \varepsilon_{it} \tag{4-14}$$

其中，P_{it-1}为第 i 个地区第 $t-1$ 年贫困指数，X 表示多个条件变量或控制变量所构成的向量，α 表示常数项，β 表示收敛系数，γ 表示系数向量，ε 表示误差项。式（4 - 13）如果 $\beta<0$ 且通过显著性水平检验，表明存在绝对 - 收敛。

条件 β - 收敛是将控制变量引入到模型当中，检验农村贫困程度的空间差异是否会随着时间推移而逐渐缩小，各地区能否趋向于各自的稳定值。式（4 - 14）如果 $\beta<0$ 且通过显著性水平检验，表明存在条件 β - 收敛。关于收敛条件变量或控制变量 X 的设置，本章选取财政支农支出（*Fina*）、财政教育支出（*Edu*）、农村医疗卫生条件（*Med*）、农户固定资产投资（*Fof*）、农村劳动力（*Lab*）、经济发展水平（*GDP*）等进行讨论。具体检验结果分别如表 4.6 和表 4.7 所示。

表 4.5 反映了中国贫困指数绝对 β - 收敛检验结果。从全国层面上，β 的系数均为负数，且都通过 10% 的显著性水平检验，说明都存在绝对 β - 收敛特征；即全国各地区之间的贫困指数趋向收敛于内部相同的稳态水平，贫困指数差异逐渐缩小，趋向收敛于同一个稳态水平，表明低水平地区不断向高水平地区靠拢。从 β 的系数绝对值来看，贫困广度 > 贫困深度 > 贫困强度，即绝对 β - 收敛速度贫困广度最快、贫困强度最慢。

表 4.5　　我国农村贫困估计绝对 β – 收敛估计结果

	H	*PG*	*SPG*
α	138.245 [0.71]	1.250 [0.57]	5.708 [1.73]
β	–0.925 *** [–3.74]	–0.031 *** [–2.93]	–0.659 *** [–2.87]
R^2	0.636	0.443	0.549

注：*** 、** 、* 分别表示在 1% 、5% 和 10% 的显著性水平上显著，[ ] 内为 t 统计量。

表 4.6 给出了条件 β – 收敛的固定效应估计结果。在三种贫困模型下，β 的系数均为负数，且都通过 1% 的显著性水平检验，说明都存在条件 β – 收敛特征，即中国各省的贫困发生率，贫困差距水平趋向收敛于内部各自的稳态水平，而且各省间的贫困指数差异逐渐缩小。从 β 的系数绝对值来看，依然是贫困广度 > 贫困深度 > 贫困强度，即中国的各贫困指数的条件 β – 收敛速度存在差异，贫困广度收敛最快，贫困强度最慢。可能的原因在于近年来我国致力于追求绝对贫困发生率的清零任务，但这一过程中，贫困人口的收入分配差距却没有缩小，导致贫困深度和贫困强度的收敛水平较低。

表 4.6　　我国农村贫困估计条件 β – 收敛估计结果

	H	*PG*	*SPG*
β	–1.102 *** [3.65]	–0.023 *** [–2.38]	–0.407 *** [–3.29]
Fina	–3.329 * [–1.97]	–0.575 ** [–2.01]	0.018 [0.33]
Fof	111.719 [0.24]	0.397 [0.52]	–7.959 [–0.67]
Edu	10079.2 *** [4.07]	–5.352 [–0.94]	–106.157 [–1.19]

续表

	H	*PG*	*SPG*
Lab	0. 036 [0. 05]	-0. 006 [-0. 18]	-0. 096 [-0. 19]
GDP	-2. 572 [-0. 15]	-0. 008 [-0. 28]	-0. 064 [-0. 14]
Med	385. 003 [1. 19]	0. 937 [0. 97]	13. 436 [0. 91]
α	-1716. 652** [-2. 34]	1. 177 [0. 33]	10. 403 [0. 19]
R^2	0. 8448	0. 725	0. 832

注：***、**、*分别表示在1%、5%和10%的显著性水平上显著，[ ] 内为t统计量。

第四节　本章小结

本章基于FGT贫困指数，测算出各省贫困广度（*H*）、贫困深度（*PG*）和贫困强度（*SPG*），将其作为被解释变量，分别研究财政支农支出减贫的政策效应，非常契合当前我国从消除绝对贫困转向相对贫困治理的现实需要，也为第五章、第六章和第七章研究提供贫困数据支撑。本章主要的研究发现有：

第一，FGT贫困指数是当前我国农村贫困度度量的一种全面、有效指标。借助FGT家族的贫困发生率、贫困深度和贫困强度三项贫困测度指标，可以形成反映整体贫困状况的综合评价体系。且本章选择国家统计局公布的宏观收入分组数据，以其自身驱动的方式来客观估计相对贫困标准，不仅保证了考察期的长期性和连续性，同时对贫困程度的反映更直接，也更细致，是当前中国由绝对贫困转向相对贫困时期最为合理的我国农村贫困估计指标，具有非常大的实用性。

第二，贫困线的选择是进行贫困估计最重要的前提之一，具有绝对法和相对法，考虑到2020年我国已经实现全面脱贫，当绝对贫困消除以后，如何解决相对贫困成为新时期党和国家重大现实问题。本书将样本中位数家庭人均等值规模收入的40%作为相对贫困线，农村相对贫困线为3721.16元/年。

第三，2020年我国实现消除绝对贫困的阶段目标，贫困人口实现清零。但随着相对贫困概念和相对贫困治理提出，总体上我国的贫困广度、贫困深度和贫困强度在逐年下降，中国各地区农村贫困被有效遏制，极端贫困人口的收入状况改善明显，最终使农村贫困人口内部的收入不平等程度在整体上也有所降低。

第四，三大地区的贫困指数自西向东逐渐递减，东部地区占据全国贫困指数最低的8个省份，而西部地区的排名几乎占据了全国后10位，这表明，我国各省的相对贫困广度与当地的经济发展水平，地理位置息息相关，东部地区的贫困状况已经得到了很好的控制，相对贫困人口最少。

第五，不论是贫困广度、贫困深度和贫困强度，收敛性分析表明，收敛程度东部地区 > 全样本 > 中部地区 > 西部地区，这意味着全国各地区之间的贫困指数趋向收敛于内部相同的稳态水平，贫困指数差异逐渐缩小。而且各省间的贫困指数差异逐渐缩小，贫困广度收敛最快，贫困强度收敛最慢，表明我国减少贫困发生率的效果显著，但未来相对贫困的治理道路上要加强对贫困深度和贫困强度的重视。

第五章

财政支农支出的“输血式”直接减贫效应分析

财政支农支出的直接减贫效应也称为“输血式”减贫，指的是政府通过财政支农支出部分分项支出，向农村居民提供各类支援农业生产服务、对贫困群体进行直接救助补贴等，这种服务的深度和广度能够影响农村个体的初始财富水平与接受教育的机会，进而改善社会福利水平等，强调财政支农支出直接面向贫困群体的影响效应。结合我国正在实施的财政支农支出实践，其政府核算统计有“小口径”“中口径”和“大口径”之分，中央和省、市还存在财政分权的现实情况。基于目前国家统计年鉴数据的可得性，仅能得到财政支农支出对农林水的事务支出的总数据，但其他不可观测的财政支农支出分项对被解释变量的影响却不可忽视。交互效应模型克服了传统面板模型的缺陷，能够刻画出不可观测的共同因子对变量的影响，而交叉项共同因子和载荷矩阵给出个体异质性分析，以及数据缺失和统计口径变化带来的相关问题，能够更好地适用于本章财政支农支出直接减贫效应的研究。因此，本章考虑在普通面板数据模型基础上引入交互固定效应来刻画可能隐性共同因子和区组效应，以期估计出的财政支农支出直接减贫效应能够消除混杂因子的影响。

第一节　模型设定与变量选择

一、传统面板数据模型缺陷

面板数据模型尽管与时间序列或横截面模型相比具有巨大的优势，但其本身还是存在一些不足之处。对于固定效应面板模型来说，是将观测个体的异质性以虚拟变量的形式引入模型，将隐性的个体差异显性化，从而消除解释变量的内生性。经典的估计方法包括组内离差估计法与虚拟变量最小二乘估计（LSDV），在数学上可以证明组内离差估计与 LSDV 估计实际上是等价的，只是 LSDV 估计结果包含的信息更丰富一些，能够估计出各个观测个体的差异。随机效应面板模型是假定了个体效应与时间效应与解释变量没有内在的联系，个体差异与时间上的差异是随机出现的。在这样的假定下，随机效应模型的解释变量没有内生性的问题，最小二乘估计（OLS）仍然是一致的，但却不是最有效的，这是因为随机效应模型的随机扰动项由两部分构成，一是随机误差扰动项，二是个体效应或时间效应扰动项，显然模型的扰动项的方差会更大一些。针对这种情况，要想得到更有效的估计量，就只能用可行广义最小二乘法（FGLS），即先对模型做一个广义差分变换，然后再用 OLS 进行估计。

尽管经典的面板数据模型从模型的设定与参数的估计都有了比较成熟的理论，但是静态面板数据模型中，个体效应与时间效应的引入方式都是加性模式，这种引入形式尽管比较简单，给模型的参数估计带来了方便，但却是与现实情况不相吻合的。具体来说，可以将时间效应看作一个不随个体变化的时间序列数据，从这样的角度来看，时间效应即为各个个体面临的一个共同冲击，但加法形式默认每个个体对于这个共同冲击作出相同的反应，即采用 $\lambda_i + F_t$ 的形式，这样引入的一个缺陷是假定了各个个体对于共同冲击 F_t 的反应是一致的，或者个体效应 λ_i 对于被解释变量的边际影响是不随时间变化的。这样的约束在现实社会经济体系中并不一定成立，因此，为弥补上述缺陷，学者们致力于寻找更能反映现实问题的经济模型，交互效应模型由此引入。

二、交互效应面板模型设定

交互效应面板数据模型是近年来面板数据模型的一个重要的发展，属于计量经济学的前沿研究领域，可以弥补传统面板数据模型的缺陷，能够反映共同因子对不同个体的效应差异。最早 Bai（2009）[15]提出交互效应静态面板模型设置如下：

$$y_{it} = \beta' x_{it} + \xi_{it}, \xi_{it} = \lambda'_i f_t + u_{it},\ i = 1,2,\cdots,N;\ t = 1,2,\cdots,T \tag{5-1}$$

其中，x_{it}为 p 维解释变量构成的向量，β 为 p 维待估计参数向量；f_t 为 r 个不可观测的共同因子构成的向量，λ_i 为 r 维待估计载荷系数向量。解释变量 x_{it}可与共同因子f_t 存在相关。上述模型（5-1）中第 i 个个体的向量形式可表示为：

$$Y_i = X_i\beta + F\lambda_i + u_i \tag{5-2}$$

各变量分别表示以下含义：$Y_i = \begin{bmatrix} y_{i1} \\ y_{i2} \\ \vdots \\ y_{iT} \end{bmatrix}$，$X_i = \begin{bmatrix} x'_{i1} \\ x'_{i2} \\ \vdots \\ x'_{iT} \end{bmatrix}$，$F = \begin{bmatrix} f'_1 \\ f'_2 \\ \vdots \\ f'_T \end{bmatrix}$，$u_i = \begin{bmatrix} u_{i1} \\ u_{i2} \\ \vdots \\ u_{iT} \end{bmatrix}$，其中 X_i 为可观测到的解释变量构成的 $T \times k$ 维矩阵，F 是不可观测的共同因子构成的 $T \times r$ 维矩阵，其他变量解释同模型（5-1）的说明。将模型（5-2）进一步用矩阵表示为如下形式：

$$Y = X\beta + F\Lambda' + u \tag{5-3}$$

其中，$Y = [Y_1, Y_2, \cdots, Y_N]$ 构成一个 $T \times N$ 矩阵；X 是具有 p 个工作表的三维矩阵（$T \times N \times p$），其第 k 个工作表与 β 第 k 个元素相关联

$(k=1,2,\cdots,p)$，这样 $X\beta$ 就是 $T\times N$ 矩阵。若记 $\Lambda=(\lambda_1,\lambda_2,\cdots\lambda_N)'$，则 Λ 是 $N\times r$ 载荷矩阵，$u=[u_1,u_2,\cdots,u_N]$ 为 $T\times N$ 模型误差矩阵。

模型（5－3）中因为交互效应和共同因子的存在，导致模型误差结构更加复杂，模型中可能存在截面相关性或者异方差性或二者都存在等各种情况（李毅，2013；叶小青，2014）[193－194]。考虑到具体 $F\Lambda'$ 的结构，当共同因子与载荷矩阵均为未知时，对于任意一个 $r\times r$ 的可逆矩阵均有 $F\Lambda'=FAA^{-1}\Lambda'$，这就意味着如果不给共同因子施加 r^2 个约束的话，共同因子将是不可识别的。为了解决该问题，Bai 提出给共同因子矩阵施加一个标准化的约束 $\frac{F'F}{T}=I_r$，施加该约束有两个目的：第一是识别共同因子，正交化能够为后面的正交投影变化做准备；第二是将共同因子的信息进行分离，使共同因子没有重叠的信息。因此，该约束相当于对共同因子矩阵施加了一个限制，产生 $r(r+1)/2$ 个约束。然后，再令 $\Lambda'\Lambda=diagonal$，即 $\Lambda'\Lambda$ 是一个对角阵，产生 $r(r-1)/2$ 个约束，两个方面的正好构成 r^2 个约束，保证 F 和 Λ 能够被唯一确定。

传统因子分析识别共同因子并估计载荷系数常采用主成分、主因子和极大似然估计等方法，以下拟采用最小二乘估计思想进行计算，优化的目标函数表示为：

$$SSR(\beta,F,\Lambda)=\sum_{i=1}^{N}(Y_i-X_i\beta-F\lambda_i)'(Y_i-X_i\beta-F\lambda_i) \tag{5－4}$$

上述目标函数中存在不可观测的 F 和 λ_i，针对该目标函数的参数估计问题，Bai 提出迭代最小二乘的估计方法。其思想可以归纳为：若已知 F，先利用投影矩阵使式子中不存在交互项，使模型转变为一般面板模型再用最小二乘法估计出 β；若已知 β，用主成分方法分解出 F，最后反复迭代上述两个步骤得到 F 与 β 的收敛解。

在减贫过程中，贫困指标在不同时段能够对财政支农支出或者其他外部因素作出不同的反应。交互效应模型克服了传统面板模型的缺陷，能够刻画出不可观测的共同因子的影响。对于共同因子有显性和隐性两种，考虑到设置共同因子可能存在一定的主观性，本书采用的是隐性共同因子。因此，本书采用的交互效应面板数据模型设定如下：

$$P_{it}=\beta_0+\beta_1Fina_{it}+\gamma_iZ_{it}+F_t\cdot\lambda_i+\varepsilon_{it} \tag{5－5}$$

在模型（5-5）中，对任意的 i，如果 $\lambda_i=1$，则模型变为含个体效应和时间效应的双向固定效应模型。所以，传统面板模型中个体和时间双向加性效应是上述交互效应模型的特殊形式。这样的模型设定一方面与现实更加吻合，减少模型设定偏误；另一方面，交互效应面板数据模型的估计结果包含更多的信息，研究结论也更具普遍性。

此外对于模型的内生性解释，对于任意的 i、t、j、s，假定期望约束 $E(x_{it}\varepsilon_{it})=0$，$E(\varepsilon_{it}^2)=\sigma^2$，$E(\varepsilon_{it}\varepsilon_{js})=0$。如果：

$$E(\lambda_i x_{it})=0$$

$$E(f_t x_{it})=0$$

$$E(\lambda_i f_t x_{it})=0 \tag{5-6}$$

则 $E(x_{it}\varepsilon_{js})=0$，那么，交互效应的唯一影响是增大了误差项 ε_{it} 的方差，但不会导致解释变量 x_{it} 的内生性。但是，假定式（5-6）是一个很强的约束，在现实社会经济体系中通常是不成立的。我们很难想象所有个体的共同因子只影响 Y，而与个体因素 X 无关，也无法相信共同因子在个体 i 的载荷系数与个体因素 X 无关。例如，在财政支农支出影响贫困的经济领域，除财政支农支出之外，贫困程度会受到共同的宏观经济状况如政策、制度、医疗等不可预测因素的影响，而且敏感度不同，即不同的 λ_i，从而，我们得到了交互效应面板模型。正因如此，现有文献都把交互效应设定为固定效应，如 Bai（2009）[15]、Moon 和 Weidner（2012）[195]等。本书的研究对象为面板数据模型，实际考虑的是特定个体（全国 30 个不同省份）和特定截面（2001—2020 年），所以属于固定效应模型，因此，本章也选择固定效应模型进行迭代最小二乘的估计方法。

三、变量选择与数据来源

本章模型（5-5）中被解释变量 P 包含三个贫困指标，即贫困广度（H）、贫困深度（PG）、贫困强度（SPG），数据来源于第四章所测。核心解释变量为财政支农支出（$Fina$）。财政支农支出政策一直以来都是缓解农村贫困状况的重要手段。基于目前国家统计年鉴数据的可得性，以人均财政对农林水事务支出衡量，是由财政支农支出总量经相应年份的农业总人口进行平均，财政支农支出指标用各省财政农林水事务支出项目衡量。

控制变量 Z_{it} 包含以下四个变量：（1）农户自有投资（*Fof*）用农户固定资产投资中用于农林牧渔业投向与农村人口的比值来衡量，是农户对农业生产的资本投入的反映，此变量用来控制物质资本水平对农村贫困的影响。（2）农村劳动力（*Lab*）用各年进行第一产业的农村就业人员数表示，此变量用来控制人力资本对农村贫困的影响。（3）财政教育支出（*Edu*）。在教育资源配置上，政府通过对基础教育的重视，不仅向全民普及义务教育，该举措更能让穷人得到受教育的机会，惠及到贫困人口，提升他们的劳动技能，开阔眼界，更有机会摆脱贫困代际传递。因此，财政对教育的支出是帮助贫困人口摆脱贫困的一项有效途径（程名望等，2014）[196]，本章将财政教育支出与人口之比作为衡量教育支出的指标。（4）农村医疗条件（*Med*）。目前我国“因病致贫、因贫致病”现象十分严重，一方面是由于历史和现实条件所致，农民对医疗资源的需求得不到满足，另一方面是因为国家对医疗保障体系没有实现精准化瞄准和精细化管理（左停和徐小言，2017）[197]，因此这也是影响财政减贫的因素之一，以平均每千农村人口村卫生室人员（人）来衡量农村医疗条件。以上各项数据均来自 2002—2021 年《中国统计年鉴》《中国农村统计年鉴》以及各省市相应年份的统计年鉴。

各变量的描述性统计如表 5.1 所示。可以看出，2001—2020 年我国各省的贫困发生率的均值为 19.004%，贫困强度 *PG* 的均值为 10.302%，贫困深度 *SPG* 均值为 6.494%。贫困发生率的标准差最大，为 19.897，表明我国农村贫困不论从时间上看还是地区之间来看，差距非常明显。从最大值的 84.638% 到最小值的 0，可以看出，我们取得的减贫效果是非常显著的，但是仍需要加强对落后地区的扶持力度，减贫事业任重道远。财政支农支出（*Fina*）的平均值为人均 2379.599 元，标准差为 2979.475，可看出各地区之间以及考察期内，人均财政支农支出的差距非常明显；且各省农村劳动力标准差同样较大，劳动力水平差距明显。实证分析采用变量的自然对数。

表 5.1　　　　变量的描述性统计

	变量（单位）	平均值	标准差	最小值	最大值
被解释变量	*H*（%）	19.004	19.897	0.000	84.638
	PG（%）	10.302	12.185	0.000	50.458
	SPG（%）	6.494	8.878	0.000	45.093
解释变量	*Fina*（元/人）	2379.599	2979.475	42.522	20229.070
控制变量	*Fof*（元/人）	0.259	0.292	0.059	1.884
	Lab（万人）	942.365	685.147	27.000	3482.500
	Edu（元/人）	0.180	0.164	0.023	1.025
	Med（比值）	1.395	0.456	0.330	3.400

第二节　财政支农支出直接减贫效应实证分析

一、固定效应面板模型估计结果

（一）单位根检验

在进行交互效应静态面板数据模型回归之前，为避免出现“伪回归”问题，必须首先对变量对数值进行平稳性检验，基于 Dickey - Fuller 提出的 ADF 方法和 PP 分别对单个变量进行单位根检验，检验结果如表 5.2 所示。

表 5.2　　　　变量单位根检验结果表

变量	ADF	PP	结论	变量	ADF	PP	结论
H	7.551	31.911	非平稳	*Fof*	48.139	60.069**	非平稳
D（*H*）	55.2656**	129.316***	平稳	D（*Fof*）	194.361***	239.504***	平稳
PG	16.543	15.084	非平稳	*Lab*	48.517	0.674	非平稳

续表

变量	ADF	PP	结论	变量	ADF	PP	结论
D（*PG*）	57.491***	121.294***	平稳	D（*Lab*）	59.527**	77.816***	平稳
SPG	23.708	19.508	非平稳	*Edu*	22.364	248.822***	非平稳
D（*SPG*）	68.805***	139.291***	平稳	D（*Edu*）	86.187***	206.405***	平稳
Fina	27.896	47.089	非平稳	*Med*	45.817	10.668	非平稳
D（*Fina*）	65.464***	180.145***	平稳	D（*Med*）	70.258***	148.257***	平稳

注：***、** 分别表示在 1%、5% 的显著性水平上显著。

从表 5.2 检验结果可以看出，在给定显著性水平上，变量的 ADF 和 PP 统计量值都大于 5% 的临界值，P 值大于 0.10，接受原假设，认为序列非平稳，存在单位根，需要对数据处理进一步检验。当对变量进行一阶差分处理后，可以看出在 1% 的显著性水平上，数据均平稳，说明对原始变量对数差分后的时间序列是平稳的，原始变量对数值为一阶单整序列。

（二）协整检验

由单位根检验结果可知这些变量差分后的序列都是平稳的，因此变量之间很可能存在协整关系。本书使用 Pedroni 协整检验方法判断因变量 *H*、*PG*、*SPG* 分别与 5 个解释变量之间的协整关系，检验结果如表 5.3 所示。

表 5.3　　Pedroni 协整检验结果

	H	*PG*	*SPG*
修正的 PP 检验	6.537***	6.600***	6.077***
PP 检验	−4.718***	−4.526***	−9.345***
ADF 检验	−4.571***	−4.155***	−8.202***

注：*** 表示在 1% 的显著性水平上显著。

Pedroni 协整检验的原假设 H_0：所有面板单位没有协整关系，备择假设 H_1：有一个或多个协整关系。在进行面板协整检验时，首先使用最小二乘虚拟变量（LSDV）方法对模型（5－5）进行估计，可得方程的残差，对于此残差可进行单位根检验。表5.3提供了3个检验的统计量以及显著性，结果表明，这4个检验统计量的P值都小于0.01，故在1%的显著性水平上拒绝原假设，即：否定了“不存在协整关系”的假定，而认为存在协整关系，可进行下一步的回归分析。

此外，为了提高估计的效率，在估计方程参数时必须考虑面板数据的组间和组内的相关性以及组间的异方差性。组间异方差检验 H_0：组间同方差，$\chi^2(19)=4590.99$，P值为0。组内自相关检验 H_0：组内自相关，$F(1,18)=34.291$，P值为0。均是在10%的显著性水平上高度显著的，因此应该拒绝组间同方差以及组内不相关的原假设。从统计检验的结果来看，模型应该充分考虑数据的异方差与自相关的情况以提高模型的估计精度。

（三）个体固定效应面板模型估计结果

根据理论分析，该样本面板数据符合个体固定效应模型。由于经济活动在区域的非均匀分布是具有普遍性的空间现象，考虑到我国幅员辽阔，各地区的自然资源和经济环境等都存在较大差异，因此为了校正这种异质性带来的估算偏差，使用固定效应模型是适合的。因此，在不考虑交互效应模型的情况下，使用EViews软件对2001—2020年30省全部样本的面板数据基于模型（5－5）进行个体固定效应估计，结果如表5.4所示。

表5.4　　个体固定效应面板模型估计结果

	H	*PG*	*SPG*
Fina	−1.446*** [−6.35]	−1.301*** [−4.89]	−0.956*** [−3.67]
Lab	1.463*** [3.10]	3.398*** [6.16]	3.836*** [7.11]
Fof	0.949*** [3.39]	−0.004 [−0.01]	−0.513 [−1.60]

续表

	H	*PG*	*SPG*
Edu	-0.776*** [-3.01]	0.121 [0.40]	0.315 [1.07]
Med	-0.584** [-2.17]	-1.116*** [-3.55]	-0.781** [-2.54]
截距项	-20.357*** [-6.44]	-9.610** [-2.18]	-17.107*** [-3.86]
N	600	600	600
F	37.78***	35.19***	39.48***
Adjust - R^2	0.707	0.692	0.716

注：***、**、*分别表示在1%、5%和10%的显著性水平上显著，[ ] 内为t统计量。

从面板模型的拟合优度看，每个回归模型的 R^2 均在 0.7 附近，完全满足面板数据的估计精度要求，且所有模型的 F 值在 1% 的显著性水平上均能通过检验，表明模型中各解释变量与被解释变量之间的线性关系显著，模型整体拟合优良。

观察各变量系数，财政支农支出（*Fina*）对贫困广度（*H*）、贫困深度（*PG*）、贫困强度（*SPG*）的系数均为负数，也在1%的显著性水平上显著。这表明，说明财政支农支出对贫困发生率、贫困广度和贫困深度具有显著的抑制作用，当财政支农支出增加1%，农村贫困率降低1.445%，贫困深度降低1.301%，贫困强度降低0.956%。通过检验，发现财政支农支出具有非常显著的直接减贫效应。比如其中的农村救济费、救灾补贴等是保证基本生活的生活费用补贴，也是为贫困人口提供的一种救济手段。该保障制度设立的目标群体即为农村生活困难个人与家庭，初衷就是帮助那些无法依靠自身劳动解决温饱的五保户、残疾人口等，力求全部覆盖，以解决困难群体的基本生活需求，这种补贴使贫困人口收入达到贫困标准线以上，摆脱贫困，作为一种直接减贫手段，是非常适合的。

从各控制变量来看，固定资产水平（*Fof*）、农业劳动力（*Lab*）的系数为正，或者弹性系数为负的状态下并不显著，因此，资本和劳动作为经济增长的两大重要手段，在此模型中是没有发挥减贫作用的。可能的原因是社会越来越偏向具有专业技能的高素质劳动力，单纯体力劳动者的增加对农村经济发展以及农民增收方面起不到积极作用。教育支出（*Edu*）仅对减缓贫困发生率具有显著的积极效应，在贫困深度、贫困强度模型下估计系数为正，但不显著。在脱贫攻坚进程中，教育亦被赋予了“阻断贫困代际传递”的重大使命。习近平总书记指出：“让贫困地区的孩子们接受良好教育，是扶贫开发的重要任务。事实上，贫困具有动态传递性。贫困状况具有很强的历史记忆性，农村贫困自身具有一定的惯性，由于某些贫困群体的脆弱性特征，很难在现有资产水平上迅速提高收入，一旦进入贫困状态在短期内将很难通过自身力量摆脱，持续性长久。因此，需要国家干预，近年来，国家针对农村贫困的问题，采取了一系列政策措施，而教育扶贫是阻断代际传递的重要且有效的手段。本书也验证了教育在减少贫困人口中发挥的重要作用。农村医疗条件（*Med*）在贫困广度、贫困深度和贫困强度模型中，弹性系数均为负，且至少通过了5%的显著性水平检验，这表明农村医疗条件的改善对减贫有积极效果，可有效防止“因病致贫”产生的风险。

二、交互效应面板模型估计结果

个体固定效应面板数据模型中的误差项表示随着时间的变化，不同个体存在一致性，即认为个体在面对外部环境的共同冲击时所作出的反应是一样的。为了探讨不同个体一致性的结构变化，将个体固定效应拓展为交互效应项，并进行交互效应面板数据模型估计，针对模型（5-5）的估计结果如表5.5所示。

表5.5　　交互效应估计结果

	H	*PG*	*SPG*
Fina	-2.940^{***} [-7.27]	-1.884^{***} [-3.68]	-2.226^{***} [-4.46]
Lab	0.0813 [0.18]	1.816^{**} [3.21]	2.370^{***} [4.30]

续表

	H	*PG*	*SPG*
Fof	0. 954 *** [3. 87]	−0. 0603 [−0. 19]	−0. 640 * [−2. 11]
Edu	−0. 363 [−1. 33]	−0. 946 ** [−2. 74]	−0. 584 [−1. 73]
Med	0. 897 *** [3. 75]	−0. 797 ** [−2. 63]	−0. 480 [−1. 62]
截距项	−37. 94 *** [−9. 34]	−14. 83 ** [−2. 89]	−24. 10 *** [−4. 81]
观测值	600	600	600
F	52. 47 ***	21. 24 ***	24. 81 ***
Root MSE	1. 484	1. 877	1. 831
迭代次数	88	98	103

注：Root MSE 表示误差均方根；*** 、** 、* 分别表示在 1% 、5% 和 10% 的显著性水平上显著；[ ] 内为 t 统计量。

观察财政支农支出（*Fina*）的系数，在三种模型下均为负，分别为 −2. 940、−1. 884 和 −2. 226，绝对值均高于在个体固定效应模型下的系数，且通过了 10% 的显著性水平检验，说明财政支农支出对减少贫困发生率、缩小贫困差距和不平等具有显著的抑制作用，作为一种直接减贫手段，是非常适合的。

各种控制变量中，农村劳动力（*Lab*）弹性系数在三种模型下均为正，对减贫没有效果，可能的原因是社会越来越偏向具有专业技能的高素质劳动力，单纯体力劳动者的增加对农村经济发展以及农民增收方面起不到积极作用。农户自有投资仅在贫困强度模型（*SPG*）下为负，通过了 10% 的显著性检验，表明农户自有投资的增加，会减缓贫困程度，但该影响是较为微弱的，仅为 −0. 640。财政教育支出（*Edu*）弹性系数在三种模型下均为负，但仅在贫困深度模型中显著，这表明教育支出缩短了贫困人口之间的收入差距水平，对缓解相对贫困是起到作用的。农村医疗条件（*Med*）在贫困强度模型中通过了5%的显著性水平检验，弹性系数为 -0.797，这表明农村医疗条件的改善也对缩小贫困差距有积极效果。

三、交互效应实际解释

在交互效应面板数据模型中，构成交互效应项 $\lambda_i \cdot F_t$中 $F_t = (F_t^1, F_t^2, \cdots, F_t^r)$ 代表实际问题中的一些隐性共同因子，$\lambda_i = (\lambda_i^1, \lambda_i^2, \cdots, \lambda_i^r)$ 则代表隐性因子政策冲击下不同个体的具体反应。譬如，如果第 j 个 $F_t^j = 1$视为时间 t 中的一个财政支农支出政策冲击的话，依据本章模型显然有 $\left.\frac{\partial P_{it}}{\partial F_t^j}\right|_{F_t^j=1} = \lambda_i^j$，$j = 1, 2, \cdots r$，因此可将 λ_i^j 看作不同省市个体该政策冲击下的减贫反应。

虽然 F_t 和 λ_i 都是不可直接观测的变量，但可以借助选取合适的计量经济学方法估计出来，本章采用迭代最小二乘方法完成β，F_t，λ_i 等估计。对于共同因子个数 r 的确定，有两种方法，一种是 Bai 和 Ng (2002)[198]提出了具有良好的小样本性质的 IC 准则，其公式如下：

$$IC(k) = \ln[V(k, F)] + k\left(\frac{N+T}{NT}\right)\ln\left(\frac{NT}{N+T}\right) \tag{5-7}$$

其中，$V(k, F) = \frac{1}{NT}\sum_{i=1}^{K}\sum_{t=1}^{T}(\mu_{it} - \lambda_i' F_t)^2$。另一种则是根据因子分析中方差的贡献率，本书选择依据贡献率来进行共同因子个数的确定。借鉴主成分分析方法，表 5.6 和表 5.7 估计了共同因子的方差贡献率以及因子载荷矩阵。

表 5.6　　因子分析总方差贡献率表

成分	初始特征值			提取载荷平方和		
	总计	方差百分比	累计百分比	总计	方差百分比	累计百分比
1	2.737	54.74	54.74	2.737	54.74	54.74
2	1.607	32.143	86.883	1.607	32.143	86.883

续表

成分	初始特征值			提取载荷平方和		
	总计	方差百分比	累计百分比	总计	方差百分比	累计百分比
3	0.332	6.64	93.523	0.332	6.64	93.523
4	0.187	3.731	97.254	0.187	3.731	97.254
5	0.137	2.746	100	0.137	2.746	100

表 5.7　　因子载荷矩阵

	载荷值				
	1	2	3	4	5
标准化 *Fina*	-0.731	-0.591	0.239	0.098	0.224
标准化 *Lab*	0.849	0.377	-0.269	-0.131	0.215
标准化 *Med*	0.698	0.595	0.345	-0.16	-0.121
标准化 *Edu*	0.933	0.003	0.068	0.353	0.009
标准化 *Fof*	-0.351	0.873	-0.281	0.098	-0.162

观察表 5.6，一般来讲，为了达到降维的目的，我们只提取前几个主成分，由于前 2 个特征值累计贡献率达到 86.883%，根据累计贡献率大于 85% 的原则，故选取前两个特征值。所以决定用两个新变量来代替原来的五个变量。表 5.7 中，第一个因子对除 *Fof* 之外的四个变量的贡献率绝对值均在 0.69 以上，第二个因子对 *Fina*、*Med* 和 *Fof* 绝对值的贡献率也在 0.59 以上，说明选取两个因子的冲击是合理的，接下来分别根据两个因子的冲击，进行 30 省因子得分的计算。

表 5.8　　隐性因子冲击对各省的反应

省份	第一个因子冲击 F1	省份	第二个因子冲击 F2	省份	总因子冲击 F
北京	-64.740	上海	-47.430	上海	-46.580
宁夏	-53.268	青海	-22.673	北京	-44.670

续表

省份	第一个因子冲击 F1	省份	第二个因子冲击 F2	省份	总因子冲击 F
青海	-48.369	宁夏	-16.845	宁夏	-39.792
上海	-46.080	海南	-16.116	青海	-38.861
海南	-40.229	甘肃	-11.762	海南	-31.308
天津	-31.273	北京	-10.496	天津	-22.954
新疆	-19.997	重庆	-9.477	新疆	-11.865
吉林	-15.958	天津	-8.788	吉林	-10.090
内蒙古	-11.496	贵州	-7.082	内蒙古	-6.890
辽宁	-10.324	山西	-3.588	辽宁	-5.287
黑龙江	-9.309	吉林	-0.099	山西	-5.116
山西	-6.014	福建	0.228	黑龙江	-4.038
重庆	1.840	内蒙古	0.953	重庆	-2.347
福建	3.991	河北	1.226	甘肃	1.477
浙江	7.206	新疆	1.980	福建	2.599
江西	7.838	江西	2.243	江西	5.768
陕西	9.163	云南	2.909	陕西	8.265
甘肃	9.253	辽宁	3.290	贵州	9.241
河北	15.348	黑龙江	4.937	河北	10.123
广西	15.688	陕西	6.736	浙江	11.158
贵州	18.828	安徽	7.917	广西	13.027
云南	21.660	广西	8.496	云南	14.722
广东	24.469	湖北	9.806	湖北	19.241
江苏	24.640	广东	11.033	广东	19.498
湖北	24.783	江苏	11.513	江苏	19.783

续表

省份	第一个因子冲击 F1	省份	第二个因子冲击 F2	省份	总因子冲击 F
湖南	24.809	四川	13.054	湖南	20.695
安徽	30.496	湖南	13.690	安徽	22.142
山东	38.330	河南	14.993	四川	29.734
河南	39.187	浙江	17.886	河南	30.235
四川	39.530	山东	21.467	山东	32.090

表5.8给出的是对于两个共同因子的冲击各省份的因子得分和排名，代表了不同的反应程度。可以看出，不同省份对于外部环境的冲击存在一定的差异，具有正向和负向的冲击。第一个因子负向冲击反应的省份有12个，第二个因子负向冲击反应的省份有11个，总因子负向冲击反应的省份有14个。两个因子对贫困具有抑制作用的省份相差不大。但是从个体省份来看，第一个因子冲击中，北京市可能的减贫效果更大，第二个因子冲击中，上海市可能的减贫效果更大，分别达到－64.74和－47.43。因此，经济发达的省份对于共同冲击的反应更为强烈，崔华泰（2016）[199]的结论也证明了这一现象。

四、稳健性检验

在本节中，将对以上计量结果进行稳健性检验（见表5.9）。稳健性检验的主要目的是检验回归结果对于新增的解释变量是否很敏感，如果变量出现了同以前回归结果完全相反的结论，那么就可以认为以前的回归结果不具有稳健性，选用以下3种方法进行稳健性检验。首先，对分区域进行异质性检验，结果见本章第三节，东部地区和中部地区的结果中，财政支农支出弹性系数为负，虽然西部地区弹性系数为正，但不显著，并不影响本书的研究结论，且东部地区的减贫效果最大。其次，为降低估计偏差，将经济发展水平明显高于其他省市的北京、上海和天津三个直辖市从基本样本中排除，且近五年，该省份的相对贫困发生率均接近或者等于0，因此将这3个省份剔除重新进行回归（崔艳娟和孙刚，2012）[200]。结果显示，分别在贫困广度（*H*）、贫困深度（*PG*）和贫困强度（*SPG*）模型下，财政支农支出的系数分别为 -2.058、-1.573 和 -1.832，均通过了10%的显著性水平检验，表明财政支农支出仍与贫困减缓正相关。最后，目前各国的相对贫困标准并不统一，且国内学者对我国相对贫困的标准线进行了大量研究得出不同的结果，前面将农村人均可支配收入中位数的40%作为相对贫困线，以此进行相对贫困测量。考虑到不同标准下相对贫困群体的识别具有动态性，本书参照李晗和陆迁（2021）[201]的做法，通过替换福利阈值进一步验证实证结果的可信度和稳健性。具体来说，分别将各年份农村家庭人均可支配收入均值的40%、中位数的50%作为福利阈值（樊增增和邹薇，2021）[202]，计算不同标准下农村相对贫困水平，进行变量替换方法检验（Zhang 等，2022）[203]。结果显示，分别在贫困广度（*H*）、贫困深度（*PG*）和贫困强度（*SPG*）模型下，财政支农支出系数大部分为负，且通过了10%的显著性水平检验，所得结论与前面的实证结果基本保持一致，以上均说明本书的研究结论可靠。

表 5.9　不同贫困标准线下的交互效应回归结果

	均值的40%			中位数的50%		
	H	*PG*	*SPG*	*H*	*PG*	*SPG*
Fina	-0.709*** [2.87]	-0.462** [2.04]	-0.378 [1.15]	-1.673*** [3.62]	-1.520 [1.17]	1.005* [1.95]
控制	是	是	是	是	是	是
观测值	600	600	600	600	600	600
F	35.64***	21.96***	24.84***	42.49***	29.07***	26.26***
Root MSE	1.942	2.673	1.740	2.527	1.783	1.638
迭代次数	84	93	108	93	96	100

注：Root MSE 表示误差均方根；***、**、*分别表示在1%、5%和10%的显著性水平上显著；[ ] 内为t统计量。

五、内生性检验

理论上，本章选择的交互效应模型的唯一影响是增大了误差项的方差，但不会导致解释变量的内生性。不仅如此，本章在估计中使用固定效应模型同样能够解决部分内生性问题，且在计量模型中加入了尽可能多的控制变量来减少由于遗漏变量问题带来的估计偏误。但即使这样，仍然不能忽视其他遗漏变量以及测量误差给估计结果带来的偏误，为了解决其他潜在的内生性问题，本书采用工具变量方法（IV）对不包含交互效应的模型（5-5）进行估计。

对于工具变量的选取应十分慎重，一方面，工具变量要与内生变量（财政支农支出）具有高度相关性；另一方面，在贫困方程中，该变量要具有外生性，即与扰动项无关。本书中选择以各省份财政支农支出的滞后项（Fina-1）作为工具变量（王小龙和余龙，2018；魏福成和朱东霞，2021）[204-205]。由于政策的相关性和连贯性特点，各省份滞后期与内生变量高度相关，且由于滞后变量已经发生，从当期的角度看，其取值已经固定，即为“前定”，因而与当期的随机扰动项不相关。因此，下一期的财政支农支出现状无法影响当期的贫困状况而使工具变量具有完全的外生性，这在一定程度上能避免由于反向因果带来的核心解释变量内生性问题（毛捷等，2015）[206]。表5.10为采用工具变量方法的回归结果，在控制时间固定效应的条件下，第（1）、第（2）、第（3）列分别为依次加入经济控制变量（*Fof*和*Lab*）、政策控制变量（*Med*和*Edu*）以及全部控制变量的二阶段最小二乘估计（2SLS）回归结果。

从表5.10可以看出，回归模型一阶段F值均大于10，通过了工具变量检验，表明财政支农支出的滞后值与财政支农支出是高度相关的，验证了工具变量选择的合理性。在贫困广度、贫困深度和贫困强度模型下，财政支农支出回归系数均为负，与表5.4相比相差不大，且通过了1%的显著性检验，表明财政支农支出依然对贫困有着显著的抑制效果。且在依次加入控制变量之后，这种抑制效果并没有消失，而R^2逐渐增大，同样表明控制变量选取的合理性，增加了模型的拟合度。以上内生性和控制变量的结果均证明了本书的结论是稳健有效的。

表 5.10 工具变量法回归结果

	H			*PG*			*SPG*		
	(1)	(2)	(3)	(1)	(2)	(3)	(1)	(2)	(3)
Fina	-1.352*** [-6.97]	-2.199*** [-6.04]	-2.061*** [-5.37]	-1.537*** [-7.64]	-1.660*** [-3.77]	-1.631*** [-2.90]	-1.594*** [-7.94]	-1.462*** [-3.61]	-1.361*** [-2.57]
Lab		2.697** [2.12]	2.681** [2.09]		4.292 [3.14]	4.390*** [3.27]		4.834*** [3.66]	4.911*** [3.76]
Fof		2.165*** [3.65]	2.117*** [3.99]		0.896 [1.23]	0.931 [1.25]		0.446 [0.67]	0.450 [0.65]
Med			0.299 [0.22]			-1.430* [-1.82]			-1.082 [-1.22]
Edu			0.462 [0.81]			-0.395 [-0.89]			-0.091 [-0.22]
常数项	6.420*** [3.69]	0.434*** [2.75]	-16.557 [-1.02]	0.588*** [26.96]	6.638*** [3.82]	-2.163 [-0.30]	0.434*** [2.75]	-17.108*** [-3.51]	-8.246 [-1.03]
一阶段 F 值	7546.52	2493.79	1125.12	7546.52	2493.79	1125.12	7546.52	2493.79	1125.12
Wald F 检验	5628.21	3657.82	2390.65	5628.21	3657.82	2390.65	5628.21	3657.82	2390.65
R^2	0.6520	0.7051	0.7082	0.6079	0.6603	0.6728	0.6197	0.6767	0.6839
观测值	570	570	570	570	570	570	570	570	570

注：***、**、*分别表示在1%、5%和10%的显著性水平上显著，[ ] 内为t统计量；Wald F 检验值全称为 Cragg-Donald Wald F 检验值。

第三节　财政支农支出直接减贫效应的区域差异分析

本节中的区域差异性分析指的是财政支农支出减贫效用的多重比较问题，模型中控制变量选取和交互效应的设置，本质上都是为了控制除财政支农支出政策变量外的其他相关因素和干扰，以保证由此测算出财政支农支出的系数代表“纯政策效应”，这也是本章采用“直接减贫效应”一词的缘由。为进一步分析我国东部、中部和西部地区在财政支农支出减贫效应上的差异，分别结合三个地区样本数据进行带交互效应面板数据模型的参数估计，并进行多重比较分析。

一、贫困广度的异质性分析

当贫困广度（*H*）为被解释变量时，针对东部、中部、西部的交互效应估计结果如表 5. 11 所示。东部和西部地区财政支农支出（*Fina*）的系数通过了 10% 的显著性水平上检验，东部地区的弹性系数为 -0. 876，说明东部地区的财政支农支出对贫困广度具有显著的抑制作用。当财政支农支出增加 1%，农村贫困发生率降低 0. 876%。中部地区财政减贫效应不显著，而西部地区的财政支农支出反而会增大贫困广度。从控制变量来看，东部地区的教育支出对减少贫困广度有显著负向作用，而且这种效应非常显著，弹性系数为 -8. 314，表明东部地区的教育发展在减少贫困发生率上发挥了巨大作用。东部地区农村劳动力的增多也对缩小贫困发生率不再起到积极作用。中部地区增大农村固定资产投资对减少贫困发生率有效，可能的原因是农户自有投资度量农户在农业上的自有资金投入，但由于农户在生产过程中面临着投资风险较大、机会成本不明确等原因，造成农业投资效益的低回报，使农户对农业、农村方面的资金投入相对较少，其减贫效应在东部地区和西部地区并未显现。西部地区农村劳动力的增加，加大了农村贫困人口的收入水平，带动脱贫。

表 5.11　　贫困广度（*H*）模型的异质性分析

	东部地区	中部地区	西部地区
Fina	-0.876* [-1.87]	-0.376 [-1.22]	0.322** [2.68]
Fof	0.582 [0.91]	-0.362** [-2.1]	-0.082 [-0.57]
Lab	9.814** [2.13]	0.563 [0.37]	-2.177*** [-4.15]
Edu	-8.314*** [-3.24]	0.310 [0.56]	-0.697 [-0.98]
Med	6.552*** [4.04]	-0.049 [-0.07]	0.259 [0.76]
截距项	-16.635 [-1.37]	0.300 [0.06]	8.879*** [3.55]
观测值	104	65	78
F	7.31***	1.79	3.90***
Root MSE	1.448	0.143	0.148
迭代次数	107	187	253

注：Root MSE 表示误差均方根；***、**、*分别表示在1%、5%和10%的显著性水平上显著；[ ] 内为t统计量。

二、贫困深度的异质性分析

当贫困深度（*PG*）为被解释变量时，针对东部、中部、西部的交互效应估计结果如表5.12所示。无论是东部还是中部、西部地区，财政支农支出（*Fina*）的系数均不显著，且弹性系数在中西部甚至为正，这与在全国样本中的估计结论一致，财政支农支出对缓解贫困深度的作用还未显现。从控制变量来看，东部地区增加农户自有投资对贫困广度产生了消极影响，可能的原因是自有投资的不确定性带来了风险，而且东部地区经济发展，更多地带来了收入分配差距的增大，导致农村人口中的非贫困人群收入增加，而农业经济增长成果无法惠及贫困人口，导致贫困深度更为严重。中部地区增大农户自有投资对减少贫困深度有效果，可能的原因是，中部地区的农业体系并没有东部地区发达，增大农业机械投资等会显著提高中部地区农民收入，这种脱贫效应是积极且正向的。对于西部地区而言，与贫困广度一样，农村劳动力的增加会带来贫困深度的缩小。

表 5.12　　贫困深度（*PG*）模型的异质性分析

	东部地区	中部地区	西部地区
Fina	-0.218 [-0.31]	0.051 [0.11]	0.436 [1.27]
Fof	0.819** [2.05]	-1.080*** [-3.28]	-0.088 [-0.23]
Lab	4.232 [1.02]	-1.451 [-0.64]	-4.548** [-2.64]
Edu	-1.857 [-0.83]	0.291 [0.29]	-1.543 [-0.91]
Med	2.046 [1.42]	-0.364 [-0.35]	-0.478 [-0.46]
截距项	-50.317*** [-4.62]	2.676 [0.33]	15.833** [2.10]
观测值	104	65	78
F	12.28***	4.10***	1.45
Root MSE	1.239	0.285	0.456
迭代次数	174	104	182

注：Root MSE 表示误差均方根；***、**、* 分别表示在 1%、5% 和 10% 的显著性水平上显著；[ ] 内为 t 统计量。

三、贫困强度的异质性分析

当贫困强度（*SPG*）为被解释变量时，针对东部、中部、西部的交互效应估计结果如表5.13所示。无论是东部还是中部西部地区，财政支农支出（*Fina*）的系数均不显著，且弹性系数在中西部甚至为正，这与在全国样本中的估计结论一致，财政支农支出对缩小贫困人口收入不平等的作用还未显现。从控制变量来看，中部地区增大农户自有投资对减少贫困深度有效果，可能的原因是，中部地区的农业体系并没有东部地区发达，增大农业机械投资等会显著提高中部地区农民收入，能够极大地缩小农村居民的收入分配差距。在其余控制变量中，暂未发现对缩小贫困强度的显著效果。

表5.13　　贫困强度（*SPG*）模型的异质性分析

	东部地区	中部地区	西部地区
Fina	-0.443 [-0.72]	-0.134 [-0.19]	0.772 [1.42]
Fof	0.183 [0.43]	-1.187** [-2.60]	-0.384 [-0.73]
Lab	4.098 [0.93]	-3.191 [-1.06]	-3.985 [-1.60]
Edu	-0.782 [-0.34]	-0.120 [-0.09]	0.632 [0.27]
Med	2.178 [1.43]	-2.183 [-1.66]	0.859 [0.52]
截距项	-46.342** [-4.26]	8.989 [0.85]	15.375 [1.41]
观测值	104	65	78
F	9.41***	4.06***	0.78
Root MSE	1.319	0.354	0.667
迭代次数	177	145	218

注：Root MSE表示误差均方根；***、**、*分别表示在1%、5%和10%的显著性水平上显著；[ ] 内为t统计量。

综上所述，财政支农支出仅对缩小贫困广度有效，而且仅仅东部地区才出现该效应。现阶段，由于不同地区三大产业经济增长的不均衡，地方政府的财政能力也会有很大差异，总体来说，东部地区大部分省份具有资源优势，经济发展水平较高，农业的财政支出总量及人均水平要高于中部和西部地区，各种产业的配合更加契合，且具有相当的高度化，因此，财政支农政策发挥的减贫效果更加有成效。而西部某些地区由于地理位置多处于山区和边疆，经济基础薄弱，发展又相对落后，贫困人口不仅基数大，且主要经济来源还是以农业、林业等为主的第一产业发展，缓解贫困任重道远。

第四节　本章小结

本书提出带交互效应面板数据模型来测算财政支农支出扶贫政策效应，以及区域差异性，并基于共同因子的冲击来解释不同省市的反应。结合我国2001—2020年各省市面板数据，对所提出的模型进行实证分析和验证。本章主要的研究发现有：

第一，受限于财政支农支出部分分项的不可观测，以及控制变量的选取没有统一标准的情况，在一般面板数据模型中引入个体和时间交互效应项，能够弥补因遗漏不可观测的解释变量而带来的财政支农减贫效应估计混杂和不准确问题。交互效应模型克服了传统面板模型的缺陷，能够刻画出不可观测的共同因子对变量的影响，能够更好地适用于本章财政支农支出直接减贫效应的研究。

第二，财政支农支出的系数在贫困广度、贫困深度和贫困强度三种模型下均为负，说明财政支农支出对贫困具有显著的抑制作用。在控制变量的影响中，教育支出和医疗条件的改善对缓解相对贫困也产生了积极影响。地区差异性分析显示，目前财政支农支出政策仅对东部地区的缩小贫困广度、消除绝对贫困人口有效，随着从绝对贫困消除转向相对贫困治理，未来我国财政支农政策必须调整。

第三，总体来看，各个省份对财政支农支出中隐性共同因子冲击存在较大的地区差异，反应最强烈的是北京和上海，均位于东部地区，因此，经济发达的省份对于共同冲击的反应更为强烈。

第六章

财政支农支出的“造血式”间接减贫效应分析

作为农业生产中的资本投入要素，财政支农支出的另一个重要作用是和其他生产要素投入相结合，发挥出更多地增加农业产出、提高农民收入的作用，最终实现减贫目标。根据古典经济增长理论和内生经济增长理论，财政支农支出可以增加农业资本存量，提升农村人力资本，促进农业技术进步，提高全要素生产率，提高农业经济产出水平，因而经济增长是减贫的主要影响变量和重要推动力。但在经济快速增长的过程中，收入分配差距扩大造成贫困不断累积的现象日益严重，收入分配的不公或是拖累经济发展成果的最重要的因素之一。此外，经济发展过程中不可避免带来产业结构的升级转换，以及随着现代化的发展，城镇化进程是否会加快农村减贫步伐，也是财政支农支出减贫过程中要考虑的重要因素。本章主要探讨在我国的财政支农支出间接减贫效应过程中，是否会通过经济增长、收入分配、产业结构升级等经济因素，对农村贫困产生影响，同时结合分层线性模型特征，引入城镇化作为层－2的省际差异特征，以此进行调节中介效应分析，为提升我国财政支农支出间接减贫效应提供决策手段。

第一节　模型设定与变量选择

一、分层线性模型设定

统计学中多水平模型（Multilevel Model，MM）概念最早由 Lindley 和 Smith（1972）[207]提出，鉴于参数估计和计算技术的限制，直到 80 年代 Anthony 和 Stephan（1988）等提出分层线性模型（Hierarchical Linear Model，HLM），并随着期望最大化（EM）和迭代广义最小二乘（IGLS）等算法提出，HLM 模型才真正开始获得实际应用。分层线性模型是针对传统回归分析只能分析单一层次数据结构，在分析具有多层（嵌套）数据结构时存在的缺陷而提出的（Anthony 和 Stephan，1988）[208]，通过建立分层回归方程组，将误差分解为各层次的误差项，解决了随机误差独立性的问题，因此可以探索不同层面自变量对因变量的影响以及不同层面自变量之间的跨层交互作用（方杰等，2014）[209]。而变系数面板数据模型也可当作一个具有两层结构的分层数据模型，横截面上还存在变化的结构可视为层 -2 解释变量（Shi 和 Ojeda，2004；Raudenbush 和 Bryk，2007）[210-211]，因此，从某种意义上说，分层线性模型可看作变系数面板数据模型的一类推广。

但分层模型和变系数模型差别存在两点：一是在估计方法上，变系数面板数据模型通常采用广义最小二乘（FGLS）、极大似然估计（MLE）、贝叶斯（Bayesian）等估计方法，其主要关心的是对回归系数的估计（曹智苗和王秀丽，2020）[212]；分层线性模型一般采用迭代广义最小二乘估计（IGLS）或限制迭代广义最小二乘估计（RIGLS），对回归系数和方差参数的估计同等重要。二是分层线性模型更关注层次嵌套结构对模型的影响，通过方差估计及相关检验判定随机假设的必要性，从而建立一个更精确的层次统计模型。张旭和石磊（2010）最先对比分析两水平模型与静态面板数据模型的相似与差别，提出构建多水平静态面板数据模型的新思路，为针对宏观经济领域面板数据的分析打下基础[17]。王焕英和石磊（2010）运用我国不同发展水平等级之间的层次数据，对中国区域经济增长的收敛性特征进行分析，同时发现在具有层次数据结构的问题中，分层线性模型具有较好的解释能力[213]。由于我国贫困数据在各省份乃至东中西部区域表现出明显的层次结构特征，可借鉴分层线性模型对相对贫困治理进行深入探究（高齐圣和王秋苏，2022）[214]。其模型设定分为以下三个步骤。

（一）无条件模型设定

首先通过建立无条件模型，作为判断一元回归分析中是否需要分层数据建模的基础，可以通过无条件模型估计计算组内相关系数（Intra－class Correlation Coefficient，ICC）来确定。无条件模型设定形式如下：

层－1：$y_{it} = \pi_{0i} + e_{it}$ （6－1）

层－2：$\pi_{0i} = \pi_{00} + u_{0i}$ （6－2）

其中，层－1 误差 $e_{it} \sim N(0,\sigma^2)$，反映省市个体内部差异程度；层－2 误差 $\mu_{0i} \sim N(0,\sigma_{\mu0}^2)$，反映不同省市个体之间的差异，且 $\mathrm{cov}(e_{it},\mu_{0i})=0$。在上述无条件模型参数估计基础上，可以进一步计算组内相关系数 ICC，以进行分层检验：

$$ICC = \frac{\hat{\sigma}_{u0}^2}{\hat{\sigma}_{u0}^2 + \hat{\sigma}^2} \tag{6-3}$$

ICC 值越大，省市个体之间变异相对省市个体内部变异也越大，说明省市之间相对省市内部存在明显特征差异，应采取分层建模处理，实际应用中将 ICC 作为统计量进行假设检验完成。

（二）随机效应回归模型设定

分层线性模型中检验系数属于固定（确定）系数或随机系数可通过对如下分层模型估计后构建的检验统计量完成。模型设定形式如下：

层－1：$y_{it} = \pi_{0i} + \pi_{1i}x_{it} + e_{it}$ （6－4）

层－2：$\pi_{0i} = \beta_{00} + u_{0i}$，$\pi_{1i} = \beta_{10} + u_{1i}$ （6－5）

其中，x_{it}为解释变量，仿效面板数据模型随机效应的处理，在上述分层模型估计基础上，通过对它们的分布参数 $\hat{\sigma}_{u0}^2$，$\hat{\sigma}_{u1}^2$ 进行是否显著的 χ^2 检验，若所有模型误差项方差检验均显著，说明应采用随机系数模型，否则应采用固定系数模型（李文和王佳，2020）[215]。

与传统的 OLS 回归不同，随机效应模型表示第二层不存在预测变量的模型，第二层并没有用于解释第一层回归方程中变异的预测变量。且第一层的截距和回归系数都是随机的，该做法可以筛选识别出第一层中哪些预测变量在第二层存在变异。实际应用中，对于建立的随机效应回归模型只对第一层面的变量进行分析，并且通过第一层变量随机部分的显著性检验结果识别出在第二层面上具有显著差异的变量，并根据需要在这些变量的回归系数作为第二层次的因变量建立具有预测变量的模型。而对于差异并不显著的变量，则无须再建立第二层模型。

（三）分层线性模型一般设定

假定分层线性模型的截距或斜率系数随个体变化，但可以是固定参数影响，也可以是随机参数影响，同时还允许其随某些个体层次调节变量的变化。这种带分层变参数的面板数据模型一般形式归纳如下：

$$\text{层}-1\text{：}y_{it} = \pi_{0i} + \sum_{k=1}^{K} \pi_{ki} x_{kit} + e_{it}\text{，}(i = 1,2,\cdots N;\ t = 1,2,\cdots,T) \tag{6-6}$$

$$\text{层}-2\text{：}\pi_{ki} = \beta_{k0} + \sum_{p=1}^{P} \beta_{kp} m_{pi} + u_{ki}\text{，}(k = 0,1,\cdots,K;\ i = 1,2,\cdots N) \tag{6-7}$$

其中，y_{it} 为被解释变量，$x_{it} = (x_{1it}, x_{2it}, \cdots, x_{kit})$ 为 k 维解释变量，$\pi_{ki}(k=0,1,\cdots,K)$ 表示随个体 i 变化的随机系数，π_{0i} 为“层－1”模型的随机截距，在“层－2”模型中每个随机系数是 p 个个体解释变量 m_i 的线性函数，m_i 可被看作模型的调节变量。假定层－1、层－2 模型中误差项都服从正态分布，层－1 误差项与层－2 各个误差项相互独立，但不管层－1 还是层－2 误差项随各个 i 均是相关的。具体误差假设归纳如下：

$e_{it} \sim N(0,\sigma^2)$，$(i = 1,2,\cdots,N;\ t = 1,2,\cdots,T)$，$COV(e_{it},u_{ki}) = 0$，$(k = 0,1,\cdots,K)$

$$\begin{pmatrix} u_{0i} \\ u_{1i} \\ \vdots \\ u_{ki} \end{pmatrix} \sim N\left(\begin{pmatrix} 0 \\ 0 \\ \vdots \\ 0 \end{pmatrix} \begin{pmatrix} \sigma_{u0}^2 & \sigma_{u01} & \cdots & \sigma_{u0K} \\ \sigma_{u10} & \sigma_{u1}^2 & \cdots & \sigma_{u1K} \\ \vdots & \vdots & \ddots & \vdots \\ \sigma_{uK0} & \sigma_{uK1} & \cdots & \sigma_{uK}^2 \end{pmatrix}\right)$$

进一步，将层 -2 模型代入层 -1 模型可以分解出固定效应和随机效应（张敏和李勇，2021）[216]，其中固定效应部分如下：

$$\beta_{00} + \sum_{p=1}^{P} \beta_{0p} m_{pi} + \sum_{k=1}^{K} \beta_{k0} x_{kit} + \sum_{k=1}^{K} \sum_{p=1}^{P} \beta_{kp} m_{pi} x_{kit} \tag{6-8}$$

随机效应部分如下：

$$u_{it} = u_{0i} + \sum_{k=1}^{K} x_{kit} u_{ki} + e_{it} \tag{6-9}$$

本章所提出的分层线性模型目的是估计出固定效应和随机效应中未知参数。比如在固定效应中回归参数 $\hat{\beta}_{0p}$、$\hat{\beta}_{k0}$ 和 $\hat{\beta}_{kp}$ 可解释财政支农支出减贫过程中介效应、直接效应和调节效应等，而随机效应中分布参数 $\hat{\sigma}^2$、$\hat{\sigma}_{uk}^2$（$k=0,1,\cdots,K$）可以作为分层检验、固定/随机效应检验和 FGLS 算法中协方差矩阵估计。

二、分层线性模型检验

首先，本书对面板数据模型是否存在变系数特征进行检验，参考模型（6 -6），本章检验模型如下：

$$p_{it} = \pi_{0i} + \sum_{k=1}^{4} \pi_{ki} x_{kit} + e_{it}, (i = 1,2,\cdots,N; t = 1,2,\cdots,T) \tag{6-10}$$

其中，被解释变量 p_{it} 表示 i 省在 t 年的农村贫困指标，包括贫困广度 H，贫困深度 PG 以及贫困强度 SPG。解释变量 x_{kit} 中包括各省份 i 在 t 年的财政支农支出、产业结构升级、经济发展水平、收入分配差距的可能因素，其中财政支农支出为本章研究的主要政策变量，其他作为相关控制变量。通过 F 检验可知，无论在贫困广度 H，还是贫困深度 PG 以及贫困强度 SPG 模型下，均通过了变系数模型的检验。

其次，借助于 Mplus 软件，运用极大似然估计（MLE）法，以各贫困指标为被解释变量 y_{it}，对模型（6 -1）和模型（6 -2）进行估计，结果显示：贫困广度（H）的组内方差为93.507，组间方差为41.382，ICC为0.307；贫困深度（PG）的组内方差为14.434，组间方差为8.607。ICC为0.374；贫困强度（SPG）的组内方差为6.250，组间方差为6.073，ICC为0.493。Cohen（1988）认为，当ICC大于0.059时，就必须考虑变量的分层结构。这表明我国各省直接的农村贫困状况具有显著的区域结构性分布，贫困广度、贫困深度和贫困强度的各省自然禀赋差异约分别占30.7%、37.4%以及49.3%的变异。因此，在研究我国相对贫困的影响因素模型中，考虑使用分层线性模型是合适的。

再次，在确定模型为变系数模型的基础上，通过检验，确定变系数模型为随机效应，因此在层-2建立随机系数模型是合理的。

最后，本书选取了能够反映各省显著差异的城镇化水平UR作为层-2解释变量，即在财政支农支出减贫过程中可能存在的调节变量，便于后续进行跨层中介调节效应分析，最终设定反映我国相对贫困影响因素的模型形式为：

$$\text{层}-1\text{：}p_{it} = \pi_{0i} + \sum_{k=1}^{4}\pi_{ki}x_{kit} + e_{it} \quad (6-11)$$

$$\text{层}-2\text{：}\pi_{0i} = \beta_{00} + \beta_{01}UR_i + u_{0i}$$

$$\pi_{ki} = \beta_{k0} + \beta_{k1}UR_i + u_{ki}, k = 1,2,3,4 \quad (6-12)$$

将模型（6-12）代入式（6-11）可得到跨层交互作用的固定效应模型：

$$\begin{aligned} p_{it} = {} & \beta_{00} + \beta_{01}UR_i + \beta_{10}Fina_{it} + \beta_{20}IS_{it} + \beta_{30}GDP_{it} + \beta_{40}TL_{it} \\ & + \beta_{11}UR_{it} \cdot Fina_{it} + \beta_{21}UR_i \times IS_{it} + \beta_{31}UR_i \cdot GDP_{it} \\ & + \beta_{41}UR_i \cdot TL_{it} + \varepsilon_{ti} \end{aligned} \quad (6-13)$$

其中，随机效应部分为：

$$\varepsilon_{it} = u_{0i} + Fina_{it}u_{1i} + IS_{it}u_{2i} + GDP_{it}u_{3i} + TL_{it}u_{4i} + e_{it} \quad (6-14)$$

从固定效应构成可以看出，使用分层线性模型研究我国财政支农支出减贫过程，可以清晰地辨别出直接效应、中介调节效应和总减贫效应。

三、变量选择与数据来源

本章被解释变量包括贫困广度H，贫困深度PG以及贫困强度SPG，数据来源于第三章所测。

层-1解释变量选择财政支农支出（*Fina*）、产业结构升级（*IS*）、经济发展水平（*GDP*）和收入分配差距（*TL*）。①财政支农支出（*Fina*）。财政支农支出政策一直以来都是缓解农村贫困状况的重要手段。本书为人均财政支农支出，是由财政支农支出总量经相应年份的农业总人口进行平均，财政支农支出指标用各省财政农林水事务支出项目衡量。②经济发展水平（*GDP*）。某地区的经济发展水平跟贫困状况息息相关，经理论分析，经济增长是缓解贫困的重要手段，本书以实际人均国内生产总值衡量，同时以2010年不变价进行平减。③产业结构升级（*IS*）。产业结构的优化升级能够及时对落后产业进行调整，加大对新兴产业的扶持力度，而产业增长带来的减贫效果可能并不完全相同，本书用第三产业产值与第二产业产值之比来度量产业结构的升级（李小云等，2010）[217]，以此控制产业结构带来的经济效应。④收入分配差距（*TL*）。在经济发展过程中不可避免地受到收入分配不平等的制约，采用泰尔 Theil 指数来度量农村居民收入分配差距大小，这里采用了城乡居民收入差距来代替。其计算公式为：

$$T_i = \sum_t \frac{Y_{it}}{Y_i} \mathrm{Ln} \frac{Y_{it}N_i}{Y_i N_{it}} \tag{6-15}$$

其中，Y_{it}和N_{it}为i省份t年的收入和人口数；Y_i和N_i为省内总收入和总人口数。由于2010—2017年人均收入口径发生了变化，2001—2013年选取的是人均纯收入，2014—2020年选取人均可支配收入，分别计算每年的指数后再进行平均得到各省的泰尔指数。

跨层中介调节的层-2变量选取城镇化水平（*UR*）。由于层-2城镇化水平随时间变化不大，因此，借鉴王海港等（2007）[218]、方长春（2019）[219]的数据处理方式，将各省份2001—2020年的城镇化的平均值作为度量组间差异的变量。目前我国“半城镇化”问题比较突出，实际城镇化率仅为35%左右，说明人口城镇化率在某种程度上统计意义大于实际意义，现行城镇化率已经不能承载“以人为本”和注重质量的新型城镇化的全部内容（赵永平和徐盈之，2014）[220]。因此，选择新型城镇化指标。新型城镇化更加强调发展质量的全面提升，倡导从偏重数量规模向内涵质量的提升转变，包括在人口发展、经济发展、基础设施、公共服务、城乡协调和人居环境六个方面实现新转变，因此该指标体系应具有全面性（蓝庆新和陈超凡，2013；熊湘辉和徐璋勇，2018）[221-222]，本书构建的指标体系如表6.1所示，然后基于熵值法确定新型城镇化各指标的权重，测算出新型城镇化水平。以上数据均来自相应年份《中国统计年鉴》《中国农村统计年鉴》以及各省相应年份统计年鉴，在实证中各变量均进行对数化处理。

表6.1 新型城镇化指标体系构建

目标层	指标层	单位	指标属性
人口城镇化	城镇人口比重	%	正向
	大专及以上人口比重	%	正向
	城镇登记失业率	%	负向
	第三产业从业人员比重	%	正向
经济城镇化	人均 *GDP*	万元	正向
	第二、三产业增加值占 *GDP* 比重	%	正向
	人均固定资产投资额	万元	正向
	城镇居民人均可支配收入	元	正向
	城镇居民家庭人均消费支出	元	正向
基础设施均等化	城镇人均道路面积	平方米/人	正向
	万人拥有公共汽车数	辆	正向
	城镇用水普及率	%	正向
	城镇燃气普及率	%	正向
公共服务均等化	城镇常住人口基本养老保险覆盖率	%	正向
	城镇常住人口基本医疗保险覆盖率	%	正向
	每万人卫生技术人员	人	正向
	教育事业费占 *GDP* 比例	%	正向
	人均住宅建筑面积	平方米	正向
城乡协调均等化	城乡消费比（农村=1）	%	负向
	城乡收入比（农村=1）	%	负向
	二元结构系数（农村=1）	%	负向

续表

目标层	指标层	单位	指标属性
资源环境	二氧化硫排放量	万吨	负向
	森林覆盖率	%	正向
	自然保护区占辖区面积	%	正向
	城市生活垃圾无害化处理率	%	正向

表6.2为解释变量的描述性统计，可以看出，2001—2020年我国各省的贫困发生率的均值为19.004%，贫困强度*PG*的均值为10.302%，贫困深度*SPG*均值为6.494%。贫困发生率的标准差最大，为19.897，表明我国农村贫困不论从时间上看还是地区之间来看，差距非常明显。从最大值的84.638%到最小值的0，可以看出，我们取得的减贫效果是非常显著的，但是仍需要加强对落后地区的扶持力度，减贫事业任重道远。人均财政支农支出（*Fina*）的平均值为2379.599，表明10多年来各省财政支农支出投入的人均占有量在2379.599元，但这种投入量在各省以及时间差异是明显的，标准差达到2979.475，这也从*Fina*的最大值与最小值可以看出。同样即使经过平减，*GDP*的标准差也非常大，表明地区差异以及时间差异非常明显。收入分配差距在时间和地区上的差异也较大，标准差为4.368，最小值为1.143，最大值达到18.777，分配差距明显。实证分析采用变量的自然对数。

表6.2　　变量的描述性统计

	变量（单位）	平均值	标准差	最小值	最大值
被解释变量	*H*（%）	19.004	19.897	0.000	84.638
	PG（%）	10.302	12.185	0.000	50.458
	SPG（%）	6.494	8.878	0.000	45.093
层-1解释变量	*Fina*（元/人）	2379.599	2979.475	42.522	20229.070
	IS（%）	1.091	0.685	0.497	4.355
	GDP（元/人）	23678.690	11502.190	7940.832	62456.000
	TL（%）	5.771	4.368	1.143	18.777
层-2解释变量	*UR*（%）	0.561	0.130	0.316	0.910

注：*GDP*的描述性统计为平减之后数据描述。

第二节　财政支农支出间接减贫效应实证分析

一、随机效应模型结果分析

（一）单位根检验

在进行模型回归之前，为避免出现“伪回归”问题，必须首先对变量对数值进行平稳性检验，由于被解释变量各贫困指标和财政支农支出指标在第四章已经进行单位根检验，基于 Dickey – Fuller 提出的 ADF 方法和 PP 方法分别对其他解释变量进行单位根检验，检验结果如表 6. 3 所示。

表 6. 3　　变量单位根检验结果

变量	*ADF*	*PP*	结论
IS	17. 911	18. 462	非平稳
D（*IS*）	56. 823***	99. 631***	平稳
GDP	17. 632	56. 152	非平稳
D（*GDP*）	72. 796***	91. 749***	平稳
TL	11. 325	12. 375	非平稳
D（*TL*）	54. 712***	115. 899***	平稳

注：*** 表示在 1% 的显著性水平上显著；D 表示变量的一阶差分。

从表 6. 3 检验结果可以看出，在给定显著性水平上，变量的 ADF 和 PP 统计量值都大于 5% 的临界值，P 值大于 0. 10，接受原假设，认为序列非平稳，存在单位根，需要对数据处理进一步检验。当对变量进行一阶差分处理后，可以看出在 1% 的显著性水平上，数据均平稳，说明对原始变量对数差分后的时间序列是平稳的，原始变量对数值为一阶单整序列。

（二）随机效应模型回归结果

理论上看，贫困广度 H、贫困深度 PG 和贫困强度 SPG 应看作相互作用的内生变量，可构建结构式联立方程模型进行分析。考虑到实际需要，本书直接采用了简化式联立方程模型和随机效应参数的表述方式，即分别选取因变量为贫困广度模型（H）、贫困深度模型（PG）、贫困强度模型（SPG），通过极大似然估计（*MLE*）对随机效应变系数模型 6－11 进行估计，结果如表 6.4 所示。

表 6.4　随机效应模型 MLE 估计结果

	H			*PG*			*SPG*		
	估计值	标准误	p 值	估计值	标准误	p 值	估计值	标准误	p 值
Fina	－1.087	0.263	0.000	－1.440	0.296	0.000	－1.370	0.310	0.000
IS	－1.919	0.582	0.001	－2.529	0.705	0.000	－2.548	0.751	0.001
GDP	－1.921	0.619	0.002	－2.214	0.817	0.007	－2.035	0.891	0.023
TL	0.122	0.197	0.538	0.336	0.220	0.128	0.201	0.230	0.383
截距项	28.424	5.771	0.000	32.320	7.606	0.000	29.385	8.290	0.001
τ_{00}	30.001	4.356	0.000	7.848	3.552	0.000	3.032	1.640	0.017
τ_{10}	65.346	2.909	0.000	25.737	9.036	0.000	12.546	6.895	0.004
τ_{20}	74.240	3.234	0.000	15.472	5.092	0.000	16.890	6.713	0.000
τ_{30}	60.936	4.211	0.000	22.098	13.214	0.000	21.042	11.464	0.000
τ_{40}	13.592	3.023	0.000	18.035	8.034	0.000	17.395	4.067	0.000
R^2	0.493			0.424			0.478		
AIC	1284.315			1126.627			969.425		
BIC	1287.630			1129.669			1374.223		

注：τ_{00}代表层－1 方差（组内方差）；财政支农支出、产业结构升级、*GDP*、收入分配的层－2 方差（组间方差）分别为 τ_{10}、τ_{20}、τ_{30}、τ_{40}。

观察两层随机效应模型的估计结果。组内方差 τ_{00} 以及组间方差 τ_{10}、τ_{20}、τ_{30}、τ_{40} 在10%的显著性水平上都是显著的，说明模型存在随机效应，贫困地减缓有显著的省域异质特征。具体来说，贫困广度的组内方差由零模型的93.507下降到30.001，模型误差方差缩减贡献率为 $(93.507-30.001)/93.507\times100=67.92\%$，改善了67.92%的组内方差；同样，贫困深度的组内方差由零模型的14.434下降到7.848，模型方差缩减贡献率为37.22%；贫困强度的组内方差由零模型的6.250下降到3.032，模型方差缩减贡献率为51.49%。因此，选取的自变量能够非常有效地解释贫困状况的影响因素。观察发现，在三种模型下，财政支农支出、产业结构以及经济发展水平的弹性系数均为负数，且通过了10%的显著性水平，这表明在不考虑其他因素的情况下，财政支农支出政策的实施、产业结构的升级以及经济增长能有效降低贫困广度，同时也能缩小贫困深度和贫困强度，减缓相对贫困。观察收入分配差距的弹性系数，虽然为正，但不显著。因此，财政支农支出可以通过产业结构升级和经济增长对贫困产生间接减贫效应，但收入分配差距过大弱化了这种能力。

同时，三种模型的 R^2 分别为0.493、0.424以及0.478，表明模型的解释能力一般。这为进一步模型设定指出了方向：可考虑在截距和斜率上引入新的层-2解释变量，通过层-1和层-2解释变量的交互作用，提升模型的解释能力。

二、跨层中介调节模型结果分析

通过随机效应检验，得到模型（6-11）中层-1解释变量模型的截距项和斜率系数都存在显著随机效应。结合零模型中分层效应检验结果 *ICC* 均在30%以上，启发我们研究财政支农支出间接减贫效应过程中，不应忽视各省之间的区域性差异。为了进一步研究各省差异中形成的原因，在自变量系数以及截距项上引入层-2解释变量：城镇化率（*UR*）。值得注意的是，我们将城镇化水平在作为反映组间差异的同时，也可看作一种中介调节变量引入模型中的，模型估计结果如表6.5所示。

表 6.5　　　　　　跨层中介调节模型回归结果

	H			*PG*			*SPG*		
	估计值	t 统计	p 值	估计值	t 统计	p 值	估计值	t 统计	p 值
固定效应部分:									
1）层 -1 解释变量									
Fina	-0.628	-3.024	0.000	-0.075	-5.318	0.000	1.667	10.105	0.000
IS	-0.325	-0.835	0.398	0.004	1.261	0.207	-0.035	-2.275	0.062
GDP	-0.061	-1.319	0.196	-0.043	-0.291	0.771	-0.014	-2.006	0.045
TL	0.204	2.798	0.002	0.302	3.262	0.001	1.735	10.757	0.000
截距	3.166	5.621	0.000	1.552	25.456	0.019	17.373	0..902	0.367
2）层 -2 解释变量									
UR	-2.983	0.581	0.682	-2.421	1.217	0.202	-40.068	-1.051	0.293
3）层 -1 和层 -2 交互解释变量									
UR×*Fina*	0.341	3.953	0.000	0.256	2.945	0.000	1.316	4.338	0.000
UR×*IS*	-0.409	5.024	0.000	-1.945	2.432	0.011	-0.539	3.265	0.000
UR×*GDP*	-0.384	0.195	0.794	-0.484	-1.094	0.659	-0.696	2.084	0.074
UR×*TL*	0.178	0.730	0.631	0.940	5.024	0.000	0.410	3.051	0.000
随机效应部分:									
组内方差									
τ_{00}	15.728	2.731	0.001	3.244	6.579	0.000	2.078	2.051	0.032
组间方差									
τ_{10}	3.825	5.024	0.000	7.767	5.025	0.001	2.902	2.018	0.080
τ_{20}	0.025	2.204	0.071	0.032	2.536	0.051	0.041	2.656	0.004
τ_{30}	0.402	2.425	0.055	0.169	5.003	0.000	0.246	2.356	0.062
R^2	0.703			0.630			0.494		
AIC	1203.836			2702.404			1535.640		
BIC	1206.269			1141.674			1274.910		

注：τ_{00}代表层 -1 方差（组内方差）；财政支农支出、产业结构升级、GDP、收入分配的层 -2 方差（组间方差）分别为 τ_{10}、τ_{20}、τ_{30}、τ_{40}。

由表 6.5 看出，与随机变系数模型相比，最终模型的估计结果中 AIC、BIC 有所下降，即模型得到了改善。组间、组内方差在显著性水平上依然均为显著的，进一步说该减贫模型存在显著的随机效应。从随机效应模型到该最终模型，贫困广度、贫困深度和贫困强度的组内方差缩减贡献率分别为 47.58%、58.66% 和 56.59%，表明我们所构建基于城镇化水平的跨层线性模型是具有非常强的解释能力的。

从跨层线性模型可知，解释变量对各贫困指标的效应可分成两部分，直接效应与间接效应。直接效应指的是财政支农支出的组内差异对各贫困指标产生的直接作用。财政支农支出（*Fina*）对贫困广度（*H*）和贫困深度（*PG*）系数值大小分别为 -0.628、-0.075，均在 10% 的水平上显著，表明我国实施的财政支农支出政策对缩小相对贫困有显著的直接效应。

三种贫困模型下，城镇化水平与财政支农支出的交互项（$UR \times Fina$）系数均显著，分别为 0.341、0.256 和 1.316。说明我国目前实施的城镇化政策在财政支农支出对贫困广度、贫困深度以及贫困强度等影响中均起到明显调节作用，但方向与预期相反。造成该结果可能的原因是财政支农支出的政策实施效果受到了城镇化负面影响的干扰调节。随着农转城人口的不断增加，社会保障跟不上等不利现象，加大了部分农村人口在城市稳定扎根的难度，可能更容易引发城市贫困以及返贫现象（罗良清和平卫英，2020）[186]。另外，城镇化相当于剥夺了农村本来拥有的优质资源要素，主要包括较好的劳动力和优质耕地等，导致非农用地需求量增加，使“失地”农民数量增加，加之缺乏产业支撑的城镇化不能为“失地”农民提供就业岗位，乡村空心化导致农村留守人口中老、弱、病、残者丧失稳定收入来源（王轶等，2018）[223]，更容易引发疾病、辍学等现象，使该类本就处于贫困线以下的人更加贫困，加剧了贫困的长期发展（张博胜和杨子生，2020）[224]。因此，这种城镇化带来的负面效应会使财政支农支出政策得不到有效发挥，拖累减贫成果，极有可能加剧区域发展不平衡和贫富差距的扩大。

产业结构升级（*IS*）的弹性系数仅在贫困强度模型（*SPG*）下显著，且产业结构每优化升级 1%，贫困强度缩小 0.035%。贫困强度的缩小也代表了收入不平等程度的减弱，这也是相对贫困治理的最终目标，表明产业结构对减少相对贫困有直接效应。同样，城镇化水平与产业结构交互项（$UR \times IS$）在贫困广度（H）、贫困深度（PG）与贫困强度（SPG）模型中系数分别为 -0.409、-1.945 和 -0.539，均在 1%的显著性水平上显著。说明我国目前实施的城镇化政策在产业结构升级对贫困广度、贫困深度与贫困强度等影响中均起到明显调节作用，方向与预期相同，对缓解相对贫困起到积极作用。在产业结构的优化升级过程中，第二产业与第三产业飞速发展，吸引了大量农村劳动力向城市迁移，直接引起主要发展于农村的农、林、牧、渔等行业的递减。同时由于城市人口增加，与之而来的就业要求增加，主要集聚于城市的第二、第三产业量的增加，特别是第三产业交通运输、零售业、餐饮业等更是以较大的幅度加速发展，这种产业结构升级与人口流动的双向影响的结果就是带动部分贫困人口的收入增加。事实上，产业扶贫是促进贫困个体（家庭）与贫困区域协同发展，根植发展基因，激活发展动力，阻断贫困发生的一种最有效的扶贫方式（胡晗等，2018）[225]。

三种贫困模型下，GDP 以及城镇化率与经济发展水平交互项（$UR \times GDP$）的系数均为负，说明经济发展水平较高的地方，城镇化水平相对较高，这为我国消除绝对贫困转向相对贫困治理提供良好的经济支撑。但该回归结果在统计意义上只有贫困强度（SPG）模型下显著，表明我国目前实施的城镇化政策在经济发展水平对贫困强度影响方面起到调节作用。随着经济发展水平的增加，为了寻求更好的工作机会与更优良的教育，人口会不断从偏远等条件恶劣的农村地区向城市流动，从而引起人口密度、就业结构、生活方式等的转变，导致城镇化率提高，同时也带来收入的增加，对缩小贫困人口的收入差距产生积极作用，降低相对贫困。

但是值得注意的一点是，收入分配差距（TL）以及其交互项（$UR \times TL$）系数均为正，且大部分显著。这是非常值得深思的一点，经济增长不会自动惠及所有社会成员，经济增长虽然是解决贫困问题的决定性因素，但收入分配将影响经济增长的减贫效果（周华等，2018）[226]。当人均 GDP 到达一定水平后，GDP 增长的减贫效应有随着人均 GDP 水平的上升而不断下降的趋势。这表明，在中国的减贫实践中，必须警惕收入分配差距过大带来的弊端，这也是未来贫困治理的方向。

三、城镇化减贫的中介效应验证

根据分层线性面板数据模型设定，以及表6.5的模型回归结果，可以发现城镇化水平与*Fina*、*IS*、*GDP*和*TL*的交互项不仅代表了一种调节效应，更存在中介影响，因此，本节对城镇化对贫困指数的中介效应进行单独验证。

（一）城镇化的中介作用检验

目前大多数研究者都推荐使用置信区间（Confidence Interval）方法进行中介效应分析。本书采用偏差校正的非参数百分位Bootstrap法（Bias Corrected Percentile Bootstrap CI Method），该方法主要是通过调整序列区间的百分位点校正区间估计误差（Hayes，2009；方杰和张敏强，2013）[227-228]。运用Mplus软件进行非参数百分位Bootstrap法的结果如表6.6所示。根据检验结果，所有模型的置信区间均不包含0，系数乘积显著，拒绝原假设。因此，在三种模型（*H*、*PG*、*SPG*）下，城镇化在财政支农支出、产业结构升级、*GDP*和收入分配的减贫影响路径中起到中介作用。

表6.6　非参数百分位Bootstrap法检验结果

原假设	*H*	*PG*	*SPG*
H_0（*Fina*）	-4.931*** [-8.351，-4.902]	-3.740*** [-5.093，-3.145]	-3.574*** [-3.284，-1.032]
H_0（*IS*）	-6.396*** [-58.921，-34.469]	-5.627*** [-32.956，-20.413]	-5.031*** [-18.904，-8.903]
H_0（*GDP*）	-11.356*** [-15.632，-8.911]	-5.482*** [-8.942，-4.214]	-3.825*** [-6.321，-2.095]
H_0（*TL*）	4.562*** [12.467，20.570]	7.890*** [16.467，19.057]	9.905*** [6.784，10.508]

注：[ ] 内为97.5%的置信区间，***表示在1%的显著性水平上显著。

（二）城镇化的减贫效应分析

表 6.7 表示在不考虑层 1 解释变量的情况下，中介变量城镇化水平对因变量贫困状况的解释能力。*H*、*PG* 和 *SPG* 模型的 R^2 分别为 0.721、0.618 以及 0.646，表明城镇化水平对贫困的解释能力非常足，这同样可以从弹性系数看出，三种模型的城镇化水平的弹性系数分别为 -47.594、-14.273 以及 -5.015，在 10% 的水平上均显著。这表明在不考虑其他因素的情况下，随着某地区的城镇化水平每增加 1%，贫困广度降低 47.59%，贫困深度减少 14.273%，贫困强度减少 5.015%，该回归结果表明城镇化水平对贫困减缓有直接的积极作用。此外，贫困广度模型组间方差缩减贡献率为：$(41.382-11.613)/41.382\times100=71.94\%$；贫困深度模型组间方差缩减贡献率为：$(8.607-5.922)/8.607\times100=31.21\%$；贫困强度模型组间方差缩减贡献率为：$(6.073-5.741)/6.073\times100=5.47\%$；因此，在引入层 -2 解释变量城镇化水平后，三种模型的组间方差分别改善了 71.94%、31.21% 和 5.47%，说明将城镇化水平作为中介以及层 -2 变量引入该模型是合理的。

表 6.7　城镇化的减贫效应回归结果

	H			*PG*			*SPG*		
	估计值	标准误	p 值	估计值	标准误	p 值	估计值	标准误	p 值
UR	-47.594	9.413	0.000	-14.273	3.981	0.000	-5.015	3.312	0.031
组间方差	11.613	3.848	0.003	5.922	2.580	0.022	5.741	3.292	0.082
R^2	0.721			0.618			0.646		
AIC	1565.714			1191.461			1029.875		
BIC	1566.413			1192.157			1030.571		

综上可以看出，分层线性模型中，城镇化水平作为层 -2 解释变量，在整个模型中不仅能调节到财政支农支出、产业结构升级、经济发展水平和收入分配的减贫效果，也起到中介作用。图 6.1 为在财政支农支出间接减贫路径中城镇化的跨层调节中介作用示意图。

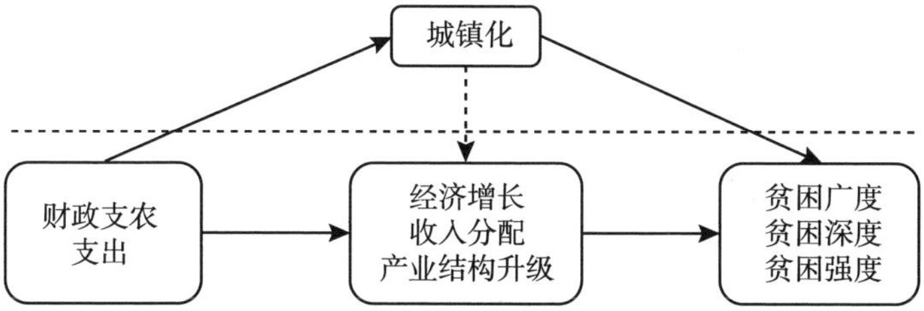

图 6.1 城镇化的跨层调节中介作用

四、稳健性检验

在这一小节中，将对以上计量结果进行稳健性检验。稳健性检验的主要目的是检验回归结果对于新增的解释变量是否很敏感，如果变量出现了同以前回归结果完全相反的结论，那么我们就可以认为以前的回归结果不具有稳健性，选用以下三种方法进行稳健性检验。首先，为降低估计偏差，将经济发展水平明显高于其他省市的北京、上海和天津 3 个直辖市从基本样本中排除，且近五年，该省份的相对贫困发生率均接近或者等于 0，因此将这 3 个省份剔除重新进行回归（崔艳娟和孙刚，2012）[200]。结果显示，分别在贫困广度（*H*）、贫困深度（*PG*）和贫困强度（*SPG*）模型下，财政支农支出的系数显著为负，表明财政支农支出仍与贫困减缓正相关。

其次，目前，各国的相对贫困标准并不统一，且国内学者对我国相对贫困的标准线进行了大量研究得出不同的结果，前文中，将农村人均可支配收入中位数的 40% 作为相对贫困线，以此进行相对贫困测量。考虑到不同标准下相对贫困群体的识别具有动态性，本书参照李晗和陆迁（2021）[201]的做法，通过替换变量法进一步验证实证结果的可信度和稳健性（Zhang 等，2022）[229]。具体来说，分别将各年份农村家庭人均可支配收入均值的 40%、中位数的 50% 作为福利阈值（樊增增和邹薇，2021）[202]，计算不同标准下农村相对贫困水平并与财政支农支出变量进行回归。结果显示，分别在贫困广度（*H*）、贫困深度（*PG*）和贫困强度（*SPG*）模型下，财政支农支出的系数大部分显著为负，所得结论与前文的实证结果保持一致，以上均说明本书的研究结论可靠。

最后，分别在贫困广度（H）、贫困深度（PG）和贫困强度（SPG）模型下，基于温忠麟和叶宝娟（2014）[230]对于中介效应的探讨，进行中介效应的稳健性检验，模型设定如下，回归结果如表6.8所示。

$$UR_{it} = \gamma_0 + \gamma_1 Fina_{it} + \gamma_i Control_{it} + \lambda_i + \nu_{it} \quad (6-16)$$

$$P_{it} = \beta_0 + \beta_1 Fina_{it} + \beta_2 UR_{it} + \beta_i Control_{it} + \lambda_i + \mu_{it} \quad (6-17)$$

$$P_{it} = k_0 + (\beta_1 + \gamma_1 \cdot \beta_2) Fina_{it} + k_i Control_{it} + \nu_{it} \cdot \beta_2 + \mu_{it} \quad (6-18)$$

从系数上看出，分别在贫困广度（H）、贫困深度（PG）和贫困强度（SPG）模型下，财政支农支出呈现出对贫困的负向作用，且城镇化水平并未表现出积极的减贫作用，不仅从系数上验证了城镇化水平的中介效应，也证明了城镇化对财政支农支出减贫效果的削弱，表明前文结论是稳健的。

表6.8　　中介效应回归结果分析

	H			*PG*			*SPG*		
	6-(16)	6-(17)	6-(18)	6-(16)	6-(17)	6-(18)	6-(16)	6-(17)	6-(18)
Fina	-0.09** [-2.27]	-0.429* [-1.94]	-0.697*** [-3.04]	-0.09** [-2.27]	-0.536* [-1.70]	-0.611* [-1.99]	-0.09** [-2.27]	-0.288 [-0.90]	-0.375 [-1.20]
UR	—	2.978*** [4.53]	—	—	0.833 [1.58]	—	—	0.967* [1.84]	—
控制	是	是	是	是	是	是	是	是	是
R^2	0.857	0.675	0.747	0.857	0.514	0.510	0.857	0.459	0.456
观测值	600	600	600	600	600	600	600	600	600

注：***、**、*分别表示在1%、5%和10%的显著性水平上显著；[ ] 内为t统计量。

五、内生性检验

本书在进行分层线性模型估计中，因变量选择3个不同的贫困度估计量，即贫困广度、贫困深度和贫困强度，在估计过程中并未发现自变量的系数存在较大变化，该角度可验证估计结果的稳健性，且在计量模型中加入了尽可能多的控制变量来减少由于遗漏变量问题带来的估计偏误。但即使这样，仍然不能忽视其他遗漏变量以及测量误差给估计结果带来的偏误，为了解决其他潜在的内生性问题，本书采用工具变量方法（IV）对含有城镇化交互效应的模型进行二阶段最小二乘（2SLS）估计。

对于工具变量的选取在第五章已经介绍，本章仍选择以各省份财政支农支出的滞后项（*Fina* - 1）作为工具变量（王小龙和余龙，2018；魏福成和朱东霞，2021）[204-205]。由于本章的分层线性模型考虑到省际差异变动的不同因素对贫困的影响效果不同，因此在进行 2SLS 估计时，增加了省份虚拟变量与年份虚拟变量的交互项（王小龙和余龙，2018）[204]。表 6.9 为采用工具变量方法的回归结果，第（1）和第（2）列分别为依次加入全部控制变量和加入时间 × 地区交互项（*ID* × *Year*）的 2SLS 回归结果。

表 6.9　　工具变量法回归结果

	H		*PG*		*SPG*	
	(1)	(2)	(1)	(2)	(1)	(2)
Fina	-1.873*** [-3.24]	-1.954*** [-3.66]	-2.924*** [-3.08]	-3.085*** [-3.35]	-3.060*** [-3.10]	-3.217*** [-3.34]
IS	-7.090** [-2.14]	-7.262*** [-2.16]	-9.929*** [-2.60]	-10.269*** [-2.64]	-8.62*** [-2.54]	-8.959*** [-2.65]
GDP	2.606 [1.10]	2.287 [1.07]	1.364 [0.36]	0.732 [0.17]	1.078 [0.30]	0.460 [0.12]
TL	-0.563 [-0.55]	-0.637 [-0.63]	0.191 [0.20]	0.044 [0.05]	0.262 [0.26]	0.118 [0.12]
UR × *IS*	-11.064* [-1.88]	-11.161* [-1.91]	-12.423** [-1.97]	-12.615** [-2.00]	-9.530 [-1.61]	-9.718 [-1.64]
UR × *GDP*	-0.378 [-0.51]	-0.533 [-0.69]	0.231 [0.23]	-0.076 [-0.07]	0.514 [0.53]	0.213 [0.20]
UR × *TL*	-0.783 [-0.60]	-0.771 [-0.60]	-0.196 [-0.15]	-0.173 [-0.15]	0.007 [0.01]	0.030 [0.02]
ID × *Year*		0.008 [1.28]		0.015 [1.15]		0.015 [1.10]

续表

	H		PG		SPG	
	(1)	(2)	(1)	(2)	(1)	(2)
常数项	-12.381 [-0.54]	-8.487 [-0.41]	15.870 [0.40]	23.564 [0.53]	19.623 [0.55]	27.155 [0.67]
一阶段 F 值	285.26	264.17	285.26	264.17	285.26	264.17
Wald F 检验值	758.08	743.80	758.08	743.80	758.08	743.80
R^2	0.7419	0.7432	0.7258	0.7292	0.7482	0.7519
观测值	570	570	570	570	570	570

注：***、**、*分别表示在1%、5%和10%的显著性水平上显著，[ ] 内为t统计量；Wald F 检验值全称为 Cragg - Donald Wald F 检验值。

从表6.9中可以看出，回归模型一阶段F值均大于10，通过了工具变量检验，表明财政支农支出的滞后值与财政支农支出是高度相关的，验证了工具变量选择的合理性。在贫困广度、贫困深度和贫困强度模型下，财政支农支出回归系数均为负，且通过了1%的显著性检验，表明财政支农支出依然对贫困有着显著的抑制效果，这与前文的结合一致。且在加入省份虚拟变量与年份虚拟变量的交互项之后，这种抑制效果并没有消失，甚至对减贫的影响效应增大，这表明本章考虑省际差异对贫困的影响是正确的，这均证明了本书的结论是稳健有效的。

第三节　财政支农支出间接减贫效应的区域差异分析

模型（6-11）和模型（6-12）的优势在于，解释了贫困的影响机理和路径关系。基于表6.4的跨层线性模型计算结果，定义财政支农支出政策减贫效应（Fiscal Poverty Reduction，FPR）、产业结构减贫效应

(Industry Poverty Reduction，IPR)、经济发展减贫效应（Economics Poverty Reduction，EPR）以及收入分配减贫效应（Distribution Poverty Reduction，DPR）分别为：

$$\begin{cases} FPR_i = -(\beta_{10} + \beta_{11}UR_i) \\ IPR_i = -(\beta_{20} + \beta_{21}UR_i) \\ EPR_i = -(\beta_{30} + \beta_{31}UR_i) \\ DPR_i = -(\beta_{40} + \beta_{41}UR_i) \end{cases} \tag{6-19}$$

模型（6－19）表明：各解释变量的减贫效应除自身直接作用外，还包括间接作用城镇化水平 *UR*。取负号代表各影响因素对贫困的反向作用。

一、贫困广度的异质性分析

表6.10表示贫困广度模型（*H*）的异质性分析结果及针对FPR的排名，可以发现，对于贫困广度的影响因素，30省的FPR均为正值，为0.70—1.00，减贫效果较好，由于表6.4中对于*IS*、*GDP*和*TL*的部分系数并不显著，导致计算的*IPR*、*EPR*和*DPR*效应为负值，这可能与其城镇化水平过高，干扰了财政支农支出的缩小贫困深度效果有关，因此减贫效果不够理想。从排名来看，财政支农支出减少贫困广度效果最好的省份为贵州、云南、甘肃、河南和四川，在全国的排名位列前5，这些省份中有4个分布在西部地区，当然中部地区的河南省位于第4位，减少贫困广度效果也相对较高。这类省份的共同点是在所在地区均是经济不发达省份，城镇化水平低，贫困居民的经济来源仍以农林牧渔业为主，财政支农支出政策的实施可以有针对性地帮助贫困人口解决实际困难，因此，对提高农民收入，缩小收入水平差距有显著作用。产业结构升级的效果部分为正，同样呈现由西向东递减趋势。这与田雅娟和刘强（2020）[174]的发现相吻合，目前各省的城镇化水平位于中等程度（为40%—70%），城镇化发展能够强化产业结构升级的减贫影响。

表 6.10　　东中西部贫困广度影响效应及排名

地区	省份	*FPR*	*IPR*	*EPR*	*DPR*	排名
东部地区	河北	0.908	-0.010	-0.254	-0.058	10
	海南	0.861	0.045	-0.202	-0.082	17
	山东	0.860	0.047	-0.200	-0.083	18
	福建	0.824	0.090	-0.160	-0.102	22
	江苏	0.810	0.107	-0.144	-0.109	24
	浙江	0.796	0.123	-0.129	-0.116	25
	辽宁	0.784	0.137	-0.115	-0.122	26
	广东	0.773	0.151	-0.102	-0.128	27
	天津	0.708	0.230	-0.029	-0.162	28
	北京	0.684	0.258	-0.002	-0.175	29
	上海	0.668	0.277	0.016	-0.183	30
中部地区	河南	0.952	-0.064	-0.304	-0.035	4
	安徽	0.915	-0.019	-0.262	-0.054	7
	湖南	0.908	-0.010	-0.254	-0.058	9
	江西	0.906	-0.008	-0.252	-0.059	11
	山西	0.874	0.030	-0.216	-0.076	14
	湖北	0.863	0.044	-0.203	-0.082	16
	吉林	0.831	0.081	-0.168	-0.098	21
	黑龙江	0.819	0.096	-0.154	-0.104	23
西部地区	贵州	0.989	-0.108	-0.346	-0.015	1
	云南	0.977	-0.094	-0.332	-0.022	2
	甘肃	0.968	-0.083	-0.322	-0.026	3
	四川	0.936	-0.044	-0.285	-0.043	5
	广西	0.934	-0.042	-0.284	-0.044	6
	新疆	0.914	-0.018	-0.261	-0.055	8
	青海	0.895	0.004	-0.240	-0.064	12
	陕西	0.892	0.009	-0.236	-0.066	13
	宁夏	0.872	0.032	-0.214	-0.076	15
	重庆	0.846	0.064	-0.184	-0.090	19
	内蒙古	0.831	0.081	-0.168	-0.098	20

注：排名为 *FPR* 的效应值排名。

二、贫困深度的异质性分析

表 6.11 表示贫困深度模型（*PG*）的异质性分析结果及排名，同贫困广度模型一样，我们仅讨论财政支农支出的减贫效应 *FPR*，财政支农支出减少贫困深度效果最好的省份为贵州、云南、甘肃、河南和四川，在全国的排名位列前 5，这些省份中有 4 个分布在西部地区，当然中部地区的河南省位于第 4 位，减少贫困深度效果也相对较高，这与贫困广度模型一致。而 *IPR*、*EPR* 和 *DPR* 的效应均为负值，这可能与其城镇化水平过高，干扰了财政支农支出的缩小贫困深度效果有关，因此减贫效果不够理想。

表 6.11　　　东中西部贫困深度影响效应及排名

地区	省份	*FPR*	*IPR*	*EPR*	*DPR*	排名
东部地区	河北	0.285	-1.598	-0.354	-0.781	10
	海南	0.250	-1.335	-0.288	-0.909	17
	山东	0.249	-1.325	-0.286	-0.913	18
	福建	0.222	-1.124	-0.236	-1.011	22
	江苏	0.211	-1.041	-0.215	-1.051	24
	浙江	0.201	-0.965	-0.196	-1.088	25
	辽宁	0.192	-0.896	-0.179	-1.121	26
	广东	0.184	-0.831	-0.163	-1.152	27
	天津	0.135	-0.458	-0.070	-1.333	28
	北京	0.117	-0.322	-0.036	-1.398	29
	上海	0.105	-0.231	-0.013	-1.442	30
中部地区	河南	0.318	-1.852	-0.417	-0.659	4
	安徽	0.290	-1.641	-0.364	-0.761	7
	湖南	0.285	-1.598	-0.354	-0.781	9
	江西	0.284	-1.590	-0.352	-0.786	11
	山西	0.259	-1.405	-0.306	-0.875	14
	湖北	0.251	-1.342	-0.290	-0.905	16
	吉林	0.227	-1.162	-0.245	-0.992	21
	黑龙江	0.219	-1.095	-0.229	-1.025	23

续表

地区	省份	*FPR*	*IPR*	*EPR*	*DPR*	排名
西部地区	贵州	0. 346	-2. 065	-0. 470	-0. 556	1
	云南	0. 337	-1. 996	-0. 453	-0. 589	2
	甘肃	0. 331	-1. 945	-0. 440	-0. 614	3
	四川	0. 306	-1. 759	-0. 394	-0. 704	5
	广西	0. 305	-1. 752	-0. 392	-0. 707	6
	新疆	0. 290	-1. 634	-0. 363	-0. 764	8
	青海	0. 276	-1. 529	-0. 337	-0. 815	12
	陕西	0. 273	-1. 508	-0. 331	-0. 825	13
	宁夏	0. 258	-1. 398	-0. 304	-0. 878	15
	重庆	0. 239	-1. 247	-0. 266	-0. 951	19
	内蒙古	0. 228	-1. 165	-0. 246	-0. 991	20

注：排名为 *FPR* 的效应值排名。

三、贫困强度的异质性分析

表6. 12 表示贫困强度模型（*SPG*）的异质性分析结果及排名，可以发现，虽然在省份排名上与贫困广度模型一致，但是 *FPR*、*IPR*、*EPR* 和 *DPR* 的效应值均为负，表明缩小贫困人口收入不平等差距的效果严重受到城镇化快速发展的拖累，政策制定者必须充分考虑到该类因素。

表 6. 12　　　　东中西部贫困强度影响效应及排名

地区	省份	*FPR*	*IPR*	*EPR*	*DPR*	排名
东部地区	河北	-0. 588	-0. 407	-0. 557	-1. 399	10
	海南	-0. 766	-0. 334	-0. 462	-1. 454	17
	山东	-0. 773	-0. 331	-0. 459	-1. 456	18
	福建	-0. 909	-0. 275	-0. 387	-1. 499	22
	江苏	-0. 966	-0. 252	-0. 357	-1. 516	24
	浙江	-1. 017	-0. 231	-0. 330	-1. 533	25
	辽宁	-1. 063	-0. 212	-0. 305	-1. 547	26
	广东	-1. 107	-0. 194	-0. 282	-1. 561	27
	天津	-1. 360	-0. 091	-0. 148	-1. 639	28

续表

地区	省份	*FPR*	*IPR*	*EPR*	*DPR*	排名
东部地区	北京	-1.452	-0.053	-0.100	-1.668	29
	上海	-1.514	-0.028	-0.067	-1.687	30
中部地区	河南	-0.417	-0.477	-0.647	-1.345	4
	安徽	-0.560	-0.419	-0.572	-1.390	7
	湖南	-0.588	-0.407	-0.557	-1.399	9
	江西	-0.594	-0.404	-0.553	-1.401	11
	山西	-0.719	-0.353	-0.488	-1.440	14
	湖北	-0.762	-0.336	-0.465	-1.453	16
	吉林	-0.883	-0.286	-0.401	-1.491	21
	黑龙江	-0.929	-0.267	-0.376	-1.505	23
西部地区	贵州	-0.272	-0.536	-0.724	-1.300	1
	云南	-0.319	-0.517	-0.699	-1.315	2
	甘肃	-0.354	-0.503	-0.681	-1.326	3
	四川	-0.480	-0.451	-0.614	-1.365	5
	广西	-0.485	-0.449	-0.611	-1.367	6
	新疆	-0.564	-0.417	-0.569	-1.391	8
	青海	-0.635	-0.388	-0.532	-1.413	12
	陕西	-0.649	-0.382	-0.524	-1.418	13
	宁夏	-0.724	-0.351	-0.485	-1.441	15
	重庆	-0.826	-0.309	-0.431	-1.473	19
	内蒙古	-0.882	-0.287	-0.401	-1.490	20

注：排名为 *FPR* 的效应值排名。

第四节　本章小结

本章分层线性模型思想引入面板数据模型，提出一类带分层变参数模型方法，并应用于我国财政支农支出减贫效应分析中。结合我国

2001—2020 年经济发展水平、收入分配差距、城镇化水平等相关数据，对财政支农支出间接减贫过程进行实证分析。主要研究结论如下：

第一，*ICC* 计算表明，我国各省农村贫困状况具有显著的区域结构性分布，各省农村贫困广度、贫困深度、贫困强度中分别约有 30.7%、67.2% 以及 61.8% 的变异是由省份之间的差异造成的。因此，在研究我国相对贫困的影响因素中，考虑使用能够区分组间与组内差异的分层线性模型具有较强的说服能力。

第二，验证了财政支农支出可以通过经济增长和促进产业结构升级方面的间接减贫效应，重点考虑了城镇化水平对我国财政支农支出减贫的作用机制。研究发现我国目前实施的财政支农支出减贫，一方面来源于自身的直接减贫效应，另一方面来源于其与城镇化水平的交互效应。值得注意的是，城镇化水平作为中介调节变量，带来的负面效应抑制了财政支农支出在减贫方面的效果。但在产业结构升级和经济发展过程中，城镇化带来的就业机会等惠及贫困人口，极大地提高了贫困人口的收入水平，缩小了贫困人口之间的收入差距。

第三，在财政支农支出的政策减贫效应评价上，不论从贫困广度、贫困深度还是贫困强度模型来看，西部地区的财政政策减贫效果最好，前 5 名省份中四位的所在地，这种财政支农支出政策呈现从西向东递减趋势，这与当地的经济发展程度和城镇化水平等要素是密不可分的。

第七章

效率视角下的财政支农支出减贫效应研究

通过对财政支农支出的“输血式”直接减贫效应以及“造血式”间接减贫效应的研究，虽然验证了其减贫的积极效果，但总的来看，不管是全国样本还是基于东部中部和西部的异质性分析，目前的财政支农支出政策对减少农村贫困人口发挥了较为显著的作用，但对解决深度贫困、贫困不平等问题效果还有待加强，这也是未来解决相对贫困的重点。因此，在研究财政支农支出减贫效应过程中，不应忽视减贫效率问题。财政支农支出的效率最大化指的是对农业、农村和农民的资金扶持达到实际预期效果，该财政资金能够得到有效运用。本章运用随机前沿分析方法测度财政支农支出减贫的技术效率，使效率测算值规范有效，同时还对影响效率的政策、经济和社会因素进行分析。由于该测算模型可以分别按贫困广度、贫困深度和贫困强度测算出财政支农支出的效率，对我国从消除绝对贫困向相对贫困治理转轨期完善财政支农支出政策具有现实意义。

第一节　模型设定与变量选择

一、随机前沿生产函数模型设定

（一）随机前沿生产函数一般模型

传统生产函数的预设前提是假定生产者会以最小的投入得到产出最大化，但是实践中该条件过于绝对，产出最优无法满足（Kumbhakar等，2000）[231]。生产者无法达到产出或利润最大化的事实使经济学家开始重新审视传统生产函数的不足，由此Shephard（1953）提出生产效率概念，并深入分析单要素生产率和全要素生产率等核算问题。Aigner，Lovell和Schmidt（1977）[92]及Meeusen和Van Den Broeck（1977）[93]则首先考虑对传统生产函数进行改造，将技术效率作为变量引入，提出随机前沿生产函数模型：

$$y_{it} = f(x_{it})\xi_{it}e^{\nu_{it}} \quad i = 1,2,\cdots,N;\ t = 1,2,\cdots,T \tag{7-1}$$

其中，$f(x_{it})$ 为传统生产函数，ξ 为技术效率（或生产效率）变量，$0<\xi_{it}\leqslant 1$，若 $\xi_{it}=1$，则模型的投入产出正好处于效率前沿。$e^{\nu_{it}}>0$ 为乘性随机冲击。方程（7-1）意味着生产函数的前沿 $f(x_{it})e^{\nu_{it}}$ 是随机的，故此类模型称为"随机前沿分析"（Cornwell等，1990）[232]。假设生产函数的基本形式 $f(x_{it}) = e^{\beta_0}x_{1it}^{\beta_1}\cdots x_{kit}^{\beta_k}$，由于 $0<\xi_{it}\leqslant 1$，故 $\ln\xi_{it}\leqslant 0$。定义无效率项 $\mu_{it} = -\ln\xi_{it}\geqslant 0$，并认为技术效率随时间不同而变化。则随机前沿函数模型一般采纳如下对数线性形式：

$$\ln y_{it} = \beta_0 + \sum_{k=1}^{K}\beta_k \ln x_{kit} + v_{it} - \mu_{it} \tag{7-2}$$

其中，x_{kit} 表示一个由投入对数组成的 $k\times 1$ 维向量，ν_{it} 为反映统计噪声的随机误差项，并假设 $\nu_{it}\sim N^{+}(0,\sigma_\nu^2)$ 是非负随机变量，μ_{it} 为技术无效率项，并假设服从截断正态分布 $\mu_{it}\sim N^{+}(0,\sigma_\mu^2)$，并且与随机误差项相互独立，定义 $\mu_{it}=[\mu_i\exp(-\eta(t-T))]$，且 η 为待估参数。

基于 Battese 和 Corra（1977）的参数替换方法，用 σ^2 来代替 σ_μ^2 和 σ_ν^2，令 $\sigma^2=\sigma_\mu^2+\sigma_\nu^2$；$\gamma=\sigma_\mu^2/(\sigma_\mu^2+\sigma_\nu^2)$，从而可以简化模型的计算。$\gamma$ 反映随机扰动项中技术无效率项所占的比例，通过 γ 可判断模型设定是否合适。如果 $\gamma=0$，表明实际产出偏离前沿产出完全是由白噪声引起的，无效率项为一个常数，没有必要采取随机前沿模型，OLS 法即可实现对生产函数的估计。如果 $\gamma=1$，表明实际产出偏离前沿产出完全是由生产无效率引起的，而和随机误差不相关。γ 越趋近于 1，说明误差主要来源于技术非效率，采用随机前沿模型就越合适。

（二）技术效率测算

在进行随机前沿生产函数估计过程中，技术效率 TE 可由下述公式表示（Lai 和 Kumbhakar，2019）[233]：

$$TE_i = E(Y_i^* \mid \mu_i, X_i)/E(Y_i^* \mid \mu_i = 0, X_i) \qquad (7-3)$$

$E(\cdot)$ 表示数学期望，TE 在 0—1。在最后一期 $t=T$ 时，$\mu_{it}=\mu_i$，将 μ_i 看作最后一期的技术非效率，则在 t（非最后一期）时的技术非效率 μ_{it}，等于最后一期技术非效率与指数函数 $\exp(-\eta(t-T))$ 的乘积，其大小受参数 η 的影响。若 $\eta>0$，非效率项随时间而下降；若 $\eta<0$，非效率项随时间而上升。

（三）考虑效率影响因素的随机前沿生产函数

随着研究的深入，学者们不再满足仅仅对技术效率的大小进行测算，而致力于将影响效率的因素同时考虑在内，基于此，Battese 和 Coelli 于 1995 年提出了另一个模型 BC（1995）模型[234]，将技术效率的分布均值表示为效率影响因素的函数，并且考虑了配置效率，即解除了对利润最大条件的假设。BC（1995）模型将模型（7－2）中的技术无效率项 μ_{it} 进行重新假设如下：

$$\mu_{it} = z_{it}\delta + \varepsilon_{it} \qquad (7-4)$$

其中，$\varepsilon_{it} \geqslant -z_{it}\delta$ 服从均值为零、方差为 σ_μ^2 的截断正态分布，以保证 $\mu_{it}\geqslant 0$ 并服从截断正态分布 $N^+(z_{it}\delta,\sigma_\mu^2)$（Lawson 等，2004）[235]，$z_{it}$ 为 $P\times 1$ 维向量，表示影响经济单元效率的因素，P 为影响因素数量。

δ 为 $P\times1$ 维待估的参数向量。

结合模型（7－2）和模型（7－4）思想，本章提出同时考虑效率的财政支农支出减贫效应模型如下（Liu 等，2021）[236]：

$$\begin{aligned} \mathrm{Ln}y_{it} = {} & \beta_0+\beta_1\mathrm{Ln}Inco_{it}+\frac{1}{2}\beta_2\,(\mathrm{Ln}Inco)^2+\beta_3\mathrm{Ln}RGDP_{it} \\ & +\frac{1}{2}\beta_4\,(\mathrm{Ln}RGDP_{it})^2+\frac{1}{2}\beta_5(\mathrm{Ln}Inco_{it})(\mathrm{Ln}GDP_{it}) \\ & +\beta_t t+\frac{1}{2}\beta_{tt}t^2+\beta_6 t\times\mathrm{Ln}Inco_{it}+\beta_7 t\times\mathrm{Ln}GDP_{it} \\ & +\nu_{it}-\mu_{it} \end{aligned} \tag{7-5}$$

$$\begin{aligned} \mu_{it} = {} & \alpha_0+\alpha_1\mathrm{Ln}Fina_{it}+\alpha_2\mathrm{Ln}Fina_{it}^2+\alpha_3\mathrm{Ln}Edu_{it}+\alpha_4\mathrm{Ln}Tec_{it} \\ & +\alpha_5\mathrm{Ln}IS_{it}+\alpha_6\mathrm{Ln}Med_{it}+\varepsilon_{it} \end{aligned} \tag{7-6}$$

关于技术效率影响因素相关研究，目前形成两种研究方法选择：一步法和两步法。“两步法”最早由 Kalirajan（1981）提出，所谓的两步含义，即第一步先利用随机前沿分析模型计算出技术效率，另外一步就是将技术效率作被解释变量、各影响因素作为解释变量进行回归分析。然而，由于两步法对技术效率分布的假设不同，所得到的估计结果是有偏且不一致的。Battese 和 Coelli（1995）提出“一步法”的思路，具体做法就是把“两步法”的随机前沿生产函数和技术效率影响因素模型放在一起回归分析。为了避免遗漏影响财政支农支出减贫效率的变量，本书选择一步法进行随机前沿估计，将影响财政减贫非效率项的因素与随机前沿模型中的其他因素一同回归（陶长琪和王志平，2011）[237]，由于 $\varepsilon_{it}\geqslant-z_{it}\delta$ 服从均值为零、方差为 σ_μ^2 的截断正态分布，所以“一步法”不同于一般回归模型估计，本质上仍然属于类似模型（7－2）的随机前沿曲面估计问题。

二、变量选择与数据来源

在随机前沿生产函数模型中，模型（7－1）、模型（7－2）和模型（7－5）中产出指标都是“效益”型指标，为将贫困度转化成反映脱贫效果的“效益”型指标，定义 $y_{it}=1-P_{it}$（陈鸣等，2016）[238]，这里 P_{it} 表示省份 i 在 t 年的贫困状况，泛指贫困广度（H）、贫困深度

（*PG*）和贫困强度（*SPG*）等，具体数据已在第四章估计。模型（7-5）的使用农村居民人均纯收入（*Inco*）和人均农业经济发展水平（*RGDP*）进行减贫效率的测算。通过使用极大似然估计方法（*MLE*）能够很好地对随机前沿生产函数进行参数估计，进而计算出减贫技术效率值。当技术效率测算出以后，自然要考虑影响技术效率的可能的重要因素，力求提升我国财政支农支出的减贫效率。

关于影响经济单元效率的因素是指那些影响减贫效率但不在样本主观可控范围内的因素，除主要引入本书重要的解释变量财政支农支出 *Fina*（单位：万元/人）和其平方项 $Fina^2$ 外，还将选择合适外部环境因素作为控制变量（范鑫，2021）[239]。具体借鉴陈诗一等（2008）[240]、陈鸣等（2016）[238]的做法，将外部环境影响因素归纳为政策、经济和社会三个方面。首先在政策方面，选取与减贫密切相关的各地区教育支出（*Edu*）、科技支出（*Tec*）作为政策环境变量。我们知道，科技创新是提高贫困地区的自我造血能力的有效途径。如今，科技建设在国家发展中占据重要地位，我国紧紧围绕“科技创新助推脱贫解困”和“科技智库服务宏观决策”两条工作主线，以科技支撑扶贫理念，从技术创新发展方面推进扶贫产业发展，因此，本书将科技支出纳入影响贫困的控制变量中，以财政科学技术支出与人口之比衡量。其次在经济方面，选取产业结构升级（*IS*）作为各地区的经济环境变量；最后在社会方面，选取医疗条件（*Med*）作为各地区的社会环境变量。除科技支出外，其余变量指标均在第四章第五章中进行解释，在此不一一赘述。以上数据均来源于相应年份的《中国统计年鉴》《中国农村统计年鉴》以及各省的统计年鉴等。

第二节　减贫效率测算及影响因素结果分析

一、减贫效率测算结果

（一）随机前沿生产函数模型估计结果分析

在对技术效率测算的具体应用时需事先确定生产函数可能的形式，

所需要的检验方法为广义似然比（LR）检验：$LR = -2 \times [\mathrm{Ln}L(H_0) - \mathrm{Ln}L(H_1)]$。借助于 Frontier 软件，本书采用一步最大似然法估计模型参数，表 7.1 分别列出了贫困广度（*H*）、贫困深度（*PG*）和贫困强度（*SPG*）3 种模型下的 LR 的检验结果。

表 7.1　　　　　　　　　　LR 检验结果

序号	原假设 H_0	LR_H	LR_{PG}	LR_{SPG}	临界值	结论
1	$\gamma = 0$	632.770	695.864	699.265	7.045	拒绝
2	$\beta_2 = \beta_4 = \beta_5 = \beta_6 = \beta_7 = \beta_{tt} = 0$	438.965	346.161	282.199	7.045	拒绝
3	$\beta_t = \beta_{tt} = \beta_6 = \beta_7 = 0$	311.660	282.784	253.409	7.045	拒绝
4	$\eta = 0$	10.354	14.024	10.076	5.138	拒绝

注：临界值表示 5% 显著性水平上的混合卡方分布临界值，前四个检验的自由度为 3，第四个检验的自由度为 2。

表 7.1 中的 LR 统计值均大于 5% 显著性水平上的混合卡方分布临界值，均拒绝原假设。分别来看，序号 1 表明模型存在无效率项，可以采用随机前沿生产函数模型估计；序号 2 表明函数形式采用超越对数 Translog 比 C－D 生产函数更适合；序号 3 表明使用超越对数生产函数构建的随机前沿模型存在技术变化，且技术变化不存在希克斯中性；序号 4 表明模型的技术效率具有时变特征。根据上述 LR 检验结果，我们确定选用超越对数随机前沿生产函数模型是合理的。基于此，分别针对 3 种贫困状况进行效率测算，随机前沿超越对数生产函数估计结果如表 7.2 所示。

表 7.2　　　　　　随机前沿生产函数模型估计结果

变量	*H*	*PG*	*SPG*
随机前沿生产函数			
Inco	1.311*** [−2.15]	0.268 [0.16]	6.783*** [4.10]
RGDP	−2.907*** [−3.72]	2.767** [2.02]	10.459*** [6.65]

续表

变量	*H*	*PG*	*SPG*
t	2.072*** [12.07]	0.288 [0.45]	-0.601 [-0.98]
$(Inco)^2$	0.015 [0.10]	0.372** [2.09]	-0.179 [-1.01]
$(RGDP)^2$	0.007 [0.10]	0.063 [0.60]	-0.438*** [-3.83]
t^2	0.022*** [4.82]	0.032** [2.18]	0.012 [0.90]
$Inco \times RGDP$	0.539*** [3.67]	-0.583*** [-5.81]	-0.799*** [-7.80]
$t \times Inco$	-0.167*** [-4.30]	-0.125 [-1.20]	0.023 [0.24]
$t \times RGDP$	-0.147*** [-7.34]	0.051 [1.17]	0.075* [1.80]
截距项	2.406 [0.85]	-14.242*** [-4.56]	-49.361*** [-12.85]
技术无效率函数			
Fina	1.841** [2.21]	1.331*** [2.50]	1.972*** [3.16]
$Fina^2$	-0.770*** [-2.68]	-0.768* [-2.08]	-0.936*** [-2.47]
Edu	-1.058*** [-3.27]	-5.925* [-1.93]	-2.124** [-2.29]
Tec	3.049 [0.37]	12.492 [0.93]	9.604 [0.61]
IS	0.308 [1.75]	-0.449*** [-3.68]	-0.993** [-2.29]

续表

变量	*H*	*PG*	*SPG*
Med	-0.320* [-1.95]	-0.561* [-2.03]	-1.149*** [-2.80]
截距项	-93.788 [0.90]	-12.214 [0.64]	-31.504 [0.26]
判定参数			
σ^2	2.520*** [18.50]	6.882*** [15.01]	5.249*** [18.69]
γ	0.615*** [2.68]	0.773*** [5.63]	0.652*** [7.25]
对数似然值	-1136.145	-1412.904	-1331.061
LR 值	196.975	70.232	233.616

注：***、**、*分别表示在1%、5%和10%的显著性水平上显著；[ ] 内为t统计量。

在表7.2中，γ分别为0.615、0.773和0.652，且通过了10%的显著性水平检验，说明在技术效率中，随机误差ν_{it}的影响远远低于成本无效率项μ_{it}的影响，表明贫困的实际产出与最大产出之间的差距存在技术非效率因素，有62%、77%和55%来自技术无效率差异，仅有38%、13%和45%来自不可控制因素造成的白噪声误差。另外，在原假设$\gamma=0$下，3种模型的LR的检验统计值分别为196.975、70.232和233.616，远大于显著性水平为1%的卡方临界值5.412，零假设被拒绝，说明误差项存在明显的复合结构，设定包含技术无效率影响因素的随机前沿模型是必要且可靠的，可以基于此模型计算各省每年的财政减贫技术效率。

（二）减贫技术效率结果分析

图7.1为使用贫困广度（*H*）、贫困深度（*PG*）和贫困强度（*SPG*）计算的2001—2020年我国减贫技术效率值。可以看出，总体上，在考察年间，技术效率逐年递增，存在边际效应递增的趋势，这与当前贫困现状是一致的，随着时间的推移，我国的扶贫攻坚政策越来越偏向于最困

难的偏远地区，由精准扶贫到攻坚拔寨的冲刺阶段，尤其是在确定 2020 年之前全面脱贫目标后，减贫效率更加提高。分别来看，考察期内的贫困广度的减贫效率值一直居于高位，2003 年以前贫困强度效率值排在第 2，贫困深度效率值最低，但 2003 年以后，贫困深度的效率增加的速度快于贫困强度，这表明，在财政支农支出、经济增长和劳动等的作用下，对降低贫困人口的效果最为显著，但对缩小贫困人口收入不平等效果还需努力。贫困深度和贫困强度的减贫效率值在 2020 年仅分别为 0.58 和 0.53，说明现阶段运用各种手段缓解相对贫困的重要性。

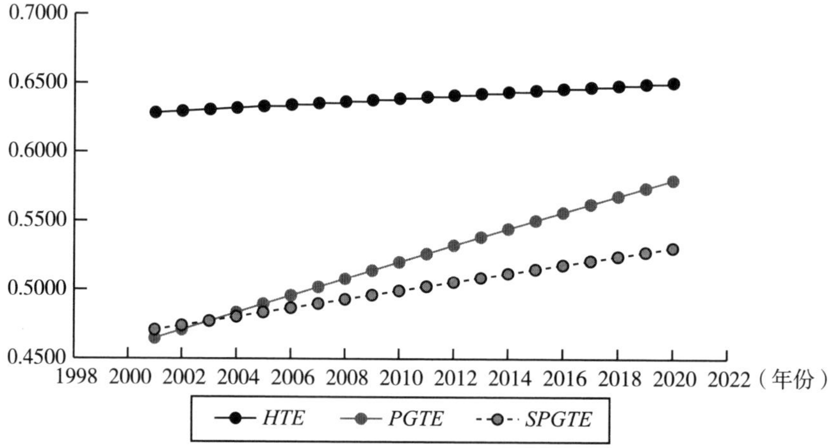

图 7.1　2001—2020 年我国减贫技术效率值

此外，可以看出贫困广度、贫困深度以及贫困强度的技术效率都明显小于 1，30 省平均没有超过 0.66，减贫效率离共同前沿较远，这说明存在投入规模不足和技术手段利用不充分的问题，没有达到规模有效性。这意味着在今后乡村振兴工作中要加强对技术的运用，特别要注重规模效率的提高，进而提高技术效率。

针对模型（7 – 5）提出的随机前沿生产函数，可以对各省减贫的技术效率进行时变估计，表 7.3 给出了我国各省减贫效率值结果及排名。可以通过观察不同省份的排名情况发现各个地区的财政支农支出减贫效率的分布规律，进而为后续进行异质性分析提供理论基础，同时为有针对性地进行提高财政支农支出减贫效率的政策建议提供帮助。

表 7.3　　各省财政支农支出减贫技术效率值及排名

	H			PG			SPG		
	省份	值	排名	省份	值	排名	省份	值	排名
东部地区	浙江	0.995	1	上海	0.984	1	浙江	0.988	1
	上海	0.990	2	北京	0.923	2	北京	0.955	2
	江苏	0.972	3	浙江	0.889	3	上海	0.937	3
	北京	0.951	4	天津	0.763	4	江苏	0.896	4
	广东	0.924	5	江苏	0.733	5	福建	0.811	5
	天津	0.847	6	福建	0.647	6	广东	0.784	6
	福建	0.807	7	广东	0.628	7	天津	0.764	7
	山东	0.786	8	山东	0.568	8	山东	0.713	8
	辽宁	0.674	9	辽宁	0.547	9	海南	0.653	9
	河北	0.660	10	海南	0.514	10	辽宁	0.642	10
	海南	0.546	21	河北	0.506	12	河北	0.632	11
	均值	0.832	1	均值	0.700	1	均值	0.798	1
中部地区	湖北	0.636	11	黑龙江	0.507	11	黑龙江	0.630	12
	湖南	0.629	12	吉林	0.505	13	湖北	0.620	13
	黑龙江	0.619	13	湖北	0.496	14	江西	0.617	14
	江西	0.616	14	江西	0.491	15	湖南	0.614	15
	河南	0.613	15	湖南	0.479	16	吉林	0.607	16
	吉林	0.609	16	河南	0.458	18	河南	0.584	17
	安徽	0.582	17	安徽	0.442	19	安徽	0.547	20
	山西	0.525	23	山西	0.399	25	山西	0.462	24
	均值	0.604	2	均值	0.472	2	均值	0.585	2
西部地区	内蒙古	0.576	18	内蒙古	0.466	17	内蒙古	0.552	18
	四川	0.572	19	四川	0.438	20	四川	0.548	19
	重庆	0.551	20	重庆	0.433	21	广西	0.531	21
	广西	0.526	22	新疆	0.412	22	重庆	0.506	22
	新疆	0.485	24	广西	0.411	23	新疆	0.498	23
	云南	0.446	25	宁夏	0.403	24	宁夏	0.457	25

续表

	H			PG			SPG		
	省份	值	排名	省份	值	排名	省份	值	排名
西部地区	陕西	0.445	26	青海	0.344	26	云南	0.429	26
	宁夏	0.445	27	云南	0.343	27	陕西	0.404	27
	贵州	0.396	28	陕西	0.340	28	青海	0.383	28
	青海	0.382	29	贵州	0.310	29	贵州	0.382	29
	甘肃	0.380	30	甘肃	0.307	30	甘肃	0.379	30
	均值	0.473	3	均值	0.382	3	均值	0.461	3

观察贫困广度（*H*）模型的减贫技术效率值和排名。总体上东部地区减贫技术效率均值0.832，排在第1位，中部地区的减贫技术效率均值0.604，排在第2位，西部地区减贫技术效率均值0.473，排在最末位。可能是原因是东部地区发达省份居多，经济发展水平和人均纯收入较高，财政支农支出投入能够更好地发挥作用，产生的减贫效果更加明显。分别来看，全国减贫效率值排名最高的前10省份均在东部地区，减贫效率值在0.9以上地从第1位到第5位分别为浙江、上海、江苏、北京和广东，而东部仅有海南省未进入全国前10位，减贫效率表现最差，排在全国的21位，但总体上东部各省（市）的减贫效率表现最好。中部地区各省份中，包含了全国第11—17名的省份，山西省排名最低，在全国的23位，由于中部地区省份排名较为集中，没有特别突出的省份，因此中部地区效率均值位于三大地区第2位。西部地区中除了排在21位的海南省外，涵盖了全国后11位的排名，在第18—30位，因此导致西部地区的总体均值仅为0.473，排在三大地区最末位。

观察贫困深度（*PG*）模型的减贫技术效率值和排名。总体上东部地区减贫技术效率均值0.700，排在第1位，中部地区的减贫技术效率均值0.472，排在第2位，西部地区减贫技术效率均值0.382，排在最末位。该排名与贫困广度一致。分别来看，与贫困广度减贫效率类似，全国减贫效率值排名最高的前10省份均在东部地区，但排名略有差别，减贫效率值在0.9以上的仅有上海和北京，东部仅有湖北省未进入全国前10位，减贫效率表现最差，但仍排在全国的12位，因此，总体上东部各市的减贫效率表现最好。中部地区各省份中，除东部的湖北在 12 位外，包含了全国第 11—19 名的省份，山西省排名最低，在全国的 25 位，由于中部地区省份排名较为集中，没有特别突出的省份，因此中部地区效率均值位于三大地区第 2 位。西部地区中内蒙古减贫效率值排名最高，排在 17 位，西部地区其余省份包含了全国后 10 位的排名，在第 20—30 位，因此导致西部地区的总体均值仅为 0. 382，排在三大地区最末位。

观察贫困强度（*SPG*）模型的减贫技术效率值和排名。总体上东部地区减贫技术效率均值 0. 789，排在第 1 位，中部地区的减贫技术效率均值 0. 585，排在第 2 位，西部地区减贫技术效率均值 0. 461，排在最末位。该排名与贫困广度和贫困深度一致。分别来看，与贫困广度和贫困深度减贫效率类似，全国减贫效率值排名最高的前 11 省份均在东部地区，但排名略有差别，减贫效率值在 0. 9 以上的有浙江、北京和上海，东部所有省份均进入全国前 11 位，因此，总体上东部各省（市）的减贫效率表现最好。中部地区各省份中，包含了全国第 12—17 名的省份，安徽和山西省排名最低，在全国的第 20 位和第 24 位，由于中部地区省份排名较为集中，没有特别突出的省份，因此中部地区效率均值位于三大地区第二位。西部地区中包含了全国 13 个省份中的 11 个省份，在第 18—30 位，因此导致西部地区的总体均值仅为 0. 461，排在三大地区最末位。

总的来说，不论从哪个模型来看，减贫效果发挥最好的还是在经济发达的东部地区，按照由东到西递减趋势排列。减贫效率值在 0. 9 以上的基本分布在北京、上海、浙江和江苏等东部省份，距离共同前沿的距离较近，其在共同前沿下效率最高，接近于 1（杨国涛等，2020）[122]。这与目前各地区的经济现状和居民收入水平密不可分，东部地区的发达省份占据大多数，通过资本和劳动投入，在近几年像北京和上海这类省份即使采用相对贫困线，其贫困人口早已经清零，减贫效果显著，其政策重点已经转向提高贫困人口收入和缩小差距方向努力，因此东部地区的贫困深度和贫困强度效率也最大。而对于中西部地区来说，还存在相当一部分的低于贫困线以下的人口，对于该类贫困人口的脱贫是重点。

研究发现，在西部地区，扶贫财政补贴超过人均450元的水平就能对国家级贫困县未来经济发展起到显著的促进作用。这是因为西部地区国家级贫困县的人均GDP和平均人力资本水平都明显低于全国水平，扶贫财政补贴的帮扶作用最为明显（杨振山等，2020）[241]。因此，中西部地区在提升贫困人口的收入问题上还有很大的提升空间，财政减贫效率的提升潜力巨大。

二、减贫效率影响因素结果分析

观察表7.2的技术无效率项函数估计结果，各变量的弹性系数代表各影响因素对技术无效率项的影响效应，值得注意的是，影响因素的弹性系数为负，则代表具有提高减贫效率的作用。3种模型下，财政支农支出一次项（*Fina*）的系数均为正，而其二次项（$Fina^2$）却为负，均通过了10%的显著性水平检验，这表明财政支农支出对减少贫困广度和贫困深度效率的影响存在“U”形关系，具有库兹涅茨曲线特征，以贫困发生率模型（*H*）为例，不难算出模型下的拐点值为1.195，表明在财政支农支出低于1.195时，对提高贫困广度效率有抑制作用，超过拐点1.195时，这种抑制效果逐渐减弱直至消失，能够促进贫困广度效率的提高。而对于贫困强度，财政支农支出在短期和长期均能够起到积极的促进提升作用。

政策影响因素中，教育支出（*Med*）的弹性系数均为负，仅在贫困广度效率模型中通过了10%的显著性水平检验，表明教育的发展，对提高贫困广度效率具有积极影响。教育扶贫是一种公共物品，具有其他减贫方式不可替代的作用，教育扶贫具有长期性和有效性，可以说，教育扶贫是政府和贫困家庭的最有效的、最根本的选择。多种研究也证实了，实现城乡义务教育均等化和农村反贫困的政策联动，对帮助贫困人口走出困境可以起到$1+1>2$的效果（许春淑和闫殊，2017）[242]。而科技支出（*Tec*）的弹性系数均为正，对提高贫困效率没有效果。不可否认的是，科技支出带来的技术创新对各行各业经济发展带来的加成，但是真正能作用到贫困人口本身上的还距离太远。

经济影响因素中，产业结构的升级（*IS*）对贫困深度效率和贫困强度效率的提升具有促进作用，且通过了10%的显著性水平，产业结构的优化升级，代表当地产业朝着更有利于本地产业的方向发展，更能推动扶贫产业稳定可持续发展，且带动更多的就业机会，这对提高贫困地区农村收入水平，缩小收入差距起到非常重要的作用。

社会影响因素中，医疗条件（*Med*）的弹性系数均为负，均通过了10%的显著性水平检验，且对贫困强度效率的提升效果最强，也最显著，表明当地医疗条件的改进也改善了贫困人口缩小收入差距的效果。因病致贫是农村地区贫困最主要的原因之一，通常贫困人口的生病得不到及时的救助，往往就会拖到更严重的后果，而医疗条件的改进，可以实现早发现早治疗，从而避免因高昂的医疗费将家庭拖入更深的贫困中去。

三、财政支农支出减贫效率评价

前文已经基于模型（7－5）和模型（7－6）完成了减贫技术效率测算和影响因素研究，本节将对财政支农支出的减贫效率进行评价分析。记财政支农支出对减贫过程的技术无效率项的边际为：

$$E_{it} = \frac{\partial \mu_{it}}{\partial Fina_{it}} = \hat{\alpha}_1 + 2\hat{\alpha}_2 Fina_{it} \quad (7-7)$$

借助于表7.2估计出的系数结果，并根据 $\eta_{it} = e^{-E_{it}}$ 可给出我国各省市财政减贫效率的评价结果（范鑫，2021）[239]，如表7.4所示。

表7.4　　　　各省财政支农支出减贫效率评价

	省份	*H*	*PG*	*SPG*	排名
东部地区	北京	75.421	44.472	79.530	1
	上海	58.084	34.270	58.331	2
	天津	16.932	10.025	12.716	6
	海南	12.573	7.447	9.110	9
	江苏	8.506	5.044	5.584	12
	浙江	7.878	4.673	5.091	13
	辽宁	7.439	4.414	4.643	14

续表

	省份	H	PG	SPG	排名
东部地区	福建	5.401	3.206	3.259	20
	广东	4.212	2.502	2.375	26
	山东	3.908	2.322	2.174	27
	河北	3.791	2.252	2.154	28
	平均值	18.559	10.966	16.815	1
中部地区	黑龙江	12.856	7.613	9.532	8
	吉林	9.923	5.881	6.856	10
	山西	6.155	3.652	3.881	17
	湖北	5.321	3.158	3.221	21
	江西	5.086	3.020	3.042	22
	湖南	4.269	2.536	2.481	24
	安徽	3.756	2.232	2.117	29
	河南	2.693	1.601	1.406	30
	平均值	6.257	3.711	4.067	3
西部地区	青海	28.000	16.547	24.576	3
	内蒙古	24.732	14.622	20.932	4
	宁夏	21.139	12.504	17.106	5
	新疆	15.985	9.460	12.559	7
	甘肃	8.673	5.140	5.985	11
	陕西	7.120	4.223	4.641	15
	贵州	6.975	4.136	4.565	16
	重庆	6.141	3.644	3.802	18
	云南	5.949	3.530	3.714	19
	四川	4.569	2.713	2.690	23
	广西	4.214	2.503	2.448	25
	平均值	12.136	7.184	9.365	2

注：H、PG、SPG 模型的财政支农支出减贫效率各省排名均一致。

表7.4中，财政支农支出对贫困广度的减贫效率评价最高，其次为贫困强度效率评价值，贫困深度效率评价值最低，这表明，在财政支农支出的作用下，对降低贫困人口的效果最为显著，同样能够缩小农村贫困人口收入差距，减少收入不平等程度，说明财政政策仍然是减少贫困人口，促进农村增收的重要工具。

从三大地区排名来看，财政支农支出减贫效率东部地区排在首位，其次为西部地区，最后是中部地区。从内部观察各省情况，东部地区中北京和上海财政减贫效率排在全国前两位，而广东、山东和河北的财政减贫效率较低，排在全国第26位、第27位和第28位，这三个省份的财政支农支出对减贫效率的评价较差；中部地区并没有排在全国前5位的省份，财政支农支出减贫效率评价最好的分别为第8的黑龙江和第10的吉林省，而安徽和河南排在全国后两位，其余省份也并不突出，排在全国中后，这导致中部地区在三大地区排名最末位；西部地区财政减贫效率排在全国前5位的有三个省份，分别为青海、内蒙古和宁夏，分别为第3—5名，而中部地区减贫效率评价最差的四川和广西也排在全国第23名和第25名，因此中部地区总体上财政支农支出减贫效率评价值虽不及东部地区，但仍排在三大地区的第2位。总的来说，财政支农支出减贫效果发挥最好的还是在经济发达的东部地区，依托先进的生产技术和发达的经济条件，财政支农支出可以帮助贫困人口提高收入水平，缩小不平等差距。

四、稳健性检验

在这一小节中，我们将对以上计量结果进行稳健性检验。稳健性检验的主要目的是检验回归结果对于新增的解释变量是否很敏感，如果变量出现了同以前回归结果完全相反的结论，那么我们就可以认为以前的回归结果不具有稳健性，选用以下3种方法进行稳健性检验。

（一）生产函数形式检验

不同的生产函数形式可能会造成对生产率的估计结果不同，前文选择的是超越对数生产函数，而C-D生产函数具有简洁的优点，是随机前沿生产函数的基础，因此，本节基于 C－D 生产函数进行随机前沿估计，结果如表 7.5 所示。

表 7.5　随机前沿生产函数（C－D）估计结果

变量	*H*	*PG*	*SPG*
随机前沿生产函数			
Inco	0.100*** [2.54]	－0.032 [－0.09]	0.854*** [3.48]
RGDP	1.763*** [13.79]	0.967*** [3.95]	1.504*** [8.10]
t	0.149** [2.20]	－0.089 [－0.82]	－0.160 [－1.74]
截距	10.446*** [9.09]	7.213** [2.18]	1.037 [0.80]
技术无效率函数			
Fina	0.022*** [4.82]	0.032** [2.18]	0.012 [0.90]
$Fina^2$	－0.167*** [－4.30]	－0.125 [－1.20]	0.023 [0.24]
Edu	－1.755*** [－2.05]	－0.660** [－2.15]	－0.486*** [－3.13]
Tec	0.239* [1.95]	0.144 [0.39]	0.154 [0.95]
IS	1.796*** [17.90]	0.881* [1.98]	－2.272*** [－7.52]
Med	－1.640*** [－6.44]	－2.585*** [－4.30]	－0.252*** [－3.29]
截距项	－11.669*** [－13.32]	－16.928*** [－3.46]	1.522 [1.21]

续表

变量	H	PG	SPG
判定参数			
σ^2	4.709 *** [10.07]	14.312 ** [2.36]	13.341 *** [6.80]
γ	0.670 *** [12.42]	0.886 *** [17.63]	0.850 *** [28.44]
μ	5.908 *** [4.21]	6.341 *** [4.07]	11.637 *** [6.23]
η	0.272 *** [8.31]	0.246 *** [9.69]	0.199 *** [8.56]
LR 值	408.526	490.774	441.878

注：***、**、*分别表示在1%、5%和10%的显著性水平上显著；[ ] 内为t统计量。

如表7.5所示，采用C-D生产函数估计减贫效率后，人均纯收入水平的边际产出在 H 和 SPG 模型下均显著为正，农业产值的产出也均显著为正；观察技术非效率的影响因素，可以看出各效率因素的符号基本与表7.2一致。这些结论和超越对数生产函数得出的结果类似，因而结果是稳定的，假定不同的生产函数形式不会对结果造成太大影响。

（二）减贫效率检验

根据前几章的稳健性检验，本书分别将各年份农村家庭人均可支配收入均值的40%、中位数的50%作为福利阈值（樊增增和邹薇，2021）[202]，计算不同标准下农村相对贫困水平，并进行财政减贫效率测算，结果如图7.2显示，可以看出，无论是贫困广度、贫困深度还是贫困强度的效率，均是逐渐增大的，且增长趋势与图7.1类似。

（三）效率影响因素检验

本节选取超越对数随机前沿分析模型测度的贫困广度效率（*HTE*）、贫困深度效率（*PGTE*）和贫困强度效率（*SPGTE*）作为被解释变量，

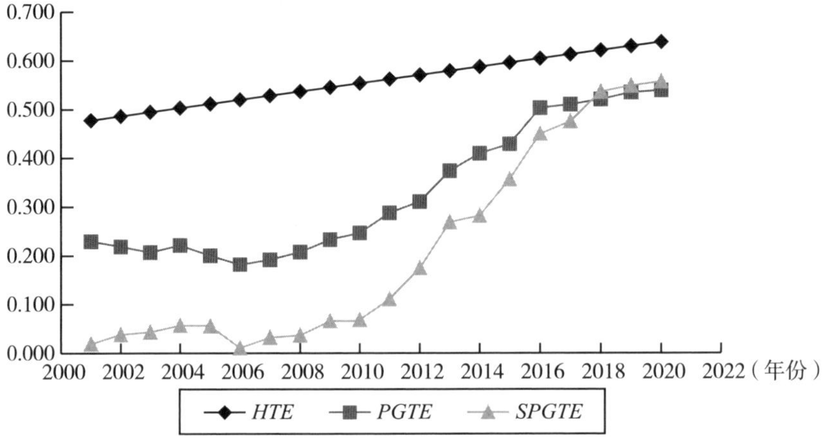

图 7.2　减贫效率趋势

各影响因素作为解释变量，运用 OLS 方法对模型进行回归分析。表 7.6 结果显示，财政支农支出的长期效应、教育支出、产业结构升级和医疗条件的改善均能够提高财政减贫效率，这与前文的研究一致。

表 7.6　财政支农减贫效率模型影响因素估计结果

	H	*PG*	*SPG*
Fina	0.387** [2.21]	0.453*** [−2.50]	−0.536*** [−3.16]
$Fina^2$	−0.434*** [−2.68]	−0.086* [2.08]	−0.560*** [−2.47]
Edu	−1.058*** [−3.27]	−5.925* [−1.93]	−2.124** [−2.29]
Tec	3.049 [0.37]	12.492 [0.93]	9.604 [0.61]
IS	0.308 [1.75]	−0.449*** [−3.68]	−0.993** [−2.29]
Med	−0.320* [−1.95]	−0.561* [−2.03]	−1.149*** [−2.80]

续表

	H	PG	SPG
截距项	0.443 [0.90]	0.506 [0.64]	0.244 [0.26]
σ_{μ}	4.061	4.724	4.014
σ_{e}	2.746	3.439	3.694
ρ	0.884	0.589	0.586

注：***、**、*分别表示在1%、5%和10%的显著性水平上显著；[ ] 内为t统计量。

五、内生性检验

尽管在本书的研究中，除财政支农支出外，也尽可能地控制了政策、经济和社会方面可能影响减贫效率的指标，但仍有可能会遗漏一些重要变量。而且关于财政支农支出和减贫技术效率衡量中可能存在的测量误差等都有可能会产生内生性问题。基于此，本书仍采用面板工具变量法（IV）对内生性问题进行控制。

本节将所测算的减贫技术效率作为因变量，财政支农支出作为自变量，选取的政策、经济和社会方面的因素作为控制变量（白俊红和卞元超，2016）[243]，对于工具变量的选取在第五章已经介绍，本章仍选择以各省份财政支农支出的滞后项（*Fina* - 1）作为工具变量（施炳展和冼国明，2012；魏福成和朱东霞，2021）[244,205]，基于上述变量，进行二阶段最小二乘估计（2SLS）。表7.7为采用工具变量方法的回归结果，第（1）列为仅考虑财政支农支出和其平方项的回归，第（2）列为全部控制变量的回归结果。

表7.7　　　　工具变量法回归结果

	H		PG		SPG	
	(1)	(2)	(1)	(2)	(1)	(2)
Fina	-0.219*** [-2.71]	-0.153*** [-3.36]	-0.052*** [-3.15]	-0.378*** [-2.74]	-0.010*** [-3.03]	-0.442*** [-2.99]

续表

	H		PG		SPG	
	(1)	(2)	(1)	(2)	(1)	(2)
Fina^2	0.315*** [2.72]	0.714*** [2.51]	0.703** [2.12]	0.825*** [3.76]	0.694*** [3.01]	0.729** [2.01]
Edu		0.158** [2.14]		0.059* [1.84]		0.046 [1.42]
Tec		-0.537 [-0.53]		-0.155 [-1.29]		-0.167 [-1.52]
IS		0.416*** [2.47]		0.620*** [2.60]		0.663*** [2.73]
Med		0.010** [2.38]		0.029*** [3.05]		0.021* [1.77]
截距项	0.259 [0.24]	-1.292 [-0.39]	-0.474 [-0.40]	-2.916 [-0.76]	-0.442 [-0.42]	-3.078 [-0.91]
一阶段 F 值	53.06	27.10	53.06	27.10	53.06	27.10
Wald F 检验值	38.42	16.72	38.42	16.72	38.42	16.72
R^2	0.7508	0.7475	0.8308	0.8255	0.7659	0.7535
观测值	570	570	570	570	570	570

注：***、**、*分别表示在1%、5%和10%的显著性水平上显著，[ ] 内为t统计量；Wald F 检验值全称为 Cragg - Donald Wald F 检验值。

从表7.7可以看出，回归模型一阶段F值均大于10，通过了工具变量检验，表明财政支农支出的滞后值与财政支农支出是高度相关的，验证了工具变量选择的合理性。在贫困广度、贫困深度和贫困强度模型下，财政支农支出（*Fina*）回归系数均为负，且通过了10%的显著性检验，表明短期内财政支农支出对提高减贫的技术效率有着显著的抑制效果，但在长期内，财政支农支出的二次项（*Fina*^{2}）的系数均为正，表明财政支农支出对提高减贫效率在长期内才会发挥出来，这与前文的结合一致。且在加入控制变量之后，不论长期内还是短期内，这种影响效应是增大的，这表明控制变量选取的有效性，这均证明了本书结论是稳健有效的。

第三节　减贫效率影响因素的区域差异分析

在前文对所测算的技术效率进行东中西部三大区域分别分析，且进行各省排名。本节同样将全样本数据分为东部、中部和西部地区，针对模型（7-5）和模型（7-6）进行随机前沿分析，为了便于讨论，仅列出模型（7-6）的技术无效率影响因素回归结果。

一、贫困广度技术无效率模型的异质性分析

表7.8为贫困广度技术无效率模型影响因素估计结果。在中西部地区，财政支农支出一次项（*Fina*）的系数均为正，而其二次项（$Fina^2$）却为负，通过了10%的显著性水平检验，该影响效应同样具有“U”形特征，不难算出中部地区和西部地区模型下的拐点值分别为0.598和0.412，表明在财政支农支出低于0.598（0.412）时，对提高中部地区（西部地区）贫困广度效率有抑制作用，超过拐点时，这种抑制效果逐渐减弱直至消失，能够促进贫困广度效率的提高。中西部地区的教育支出（*Edu*）的弹性系数均为负，分别为-1.922和-3.649，均通过了1%的显著性水平检验，表明教育的发展，对提高中西部地区的贫困效率均具有积极效应，该效应在西部地区最大。三大地区的科技投入却对贫困效率的提升由于不够显著，所以结果并未显现。东部地区产业结构升级（*IS*）的弹性系数为负，对贫困广度效率的提升起到了积极作用。医疗条件（*Med*）的弹性系数在三大地区均显著为负，表明当地医疗条件的改进能够对提高贫困效率产生作用，促进了当地效率的改进，在西部地区的效应最大。

表 7.8　　贫困广度的技术无效率模型估计结果

	东部地区	中部地区	西部地区
Fina	-0.473 [-0.91]	1.839*** [2.84]	3.212*** [2.54]
$Fina^2$	0.248 [1.34]	-1.538** [-2.50]	-3.899** [-2.36]
Edu	-1.966 [-1.42]	-1.922** [-2.36]	-3.649** [-2.26]
Tec	-3.819 [-1.49]	2.349** [2.45]	1.404 [0.16]
IS	-0.171** [-2.16]	0.865 [1.62]	-0.101 [-0.08]
Med	-0.132*** [-4.16]	-1.063* [-2.02]	-2.345*** [-3.28]
截距项	0.666* [1.93]	-0.708 [-1.00]	2.825 [1.55]
σ_μ	3.214	3.447	4.087
σ_e	2.195	2.451	3.427

注：***、**、* 分别表示在 1%、5% 和 10% 的显著性水平上显著；[ ] 内为 t 统计量。

二、贫困深度技术无效率模型的异质性分析

表 7.9 为贫困深度技术无效率模型影响因素估计结果。东中西部地区财政支农支出一次项（*Fina*）的系数均为正，而其二次项（$Fina^2$）却为负，均通过了 5% 的显著性水平检验，该影响效应同样具有“U”形特征，不难算出东部地区、中部地区和西部地区模型下的拐点值分别为 1.105、0.651 和 0.340，表明在财政支农支出低于拐点值时，对提高中部地区（西部地区）贫困深度效率有抑制作用，超过拐点时，这种抑制效果逐渐减弱直至消失，能够促进贫困深度效率的提高。西部地区的教育支出（*Edu*）的弹性系数为负，通过了 1% 的显著性水平检验，表明教育的发展，对提高西部地区的贫困深度效率均具有积极效应。三

大地区的科技投入和产业结构升级却对贫困深度效率的提升效果并没有显现。医疗条件（*Med*）的弹性系数在三大地区显著为负，表明当地医疗条件的改进能够对提高贫困人口收入水平产生作用，促进了当地贫困深度效率的改进。

表 7.9　　　　贫困深度的技术无效率模型估计结果

	东部地区	中部地区	西部地区
Fina	1.218** [2.28]	3.765*** [3.19]	2.542*** [3.66]
$Fina^2$	-0.551*** [-2.62]	-2.891** [-2.51]	-3.739*** [-4.78]
Edu	3.055 [1.20]	2.834 [0.81]	-3.589*** [-2.73]
Tec	-4.790 [-1.02]	0.361*** [3.02]	3.586** [2.57]
IS	-0.032 [-0.12]	0.550 [0.55]	1.404 [0.65]
Med	-0.382*** [-3.83]	-2.084* [-2.09]	-1.970*** [-2.94]
截距项	1.091*** [3.51]	-0.870 [-0.65]	0.173 [0.06]
σ_μ	3.215	3877	4.068
σ_e	2.359	2.854	4.381

注：***、**、* 分别表示在 1%、5% 和 10% 的显著性水平上显著；[ ] 内为 t 统计量。

三、贫困强度技术无效率模型的异质性分析

表 7.10 为贫困强度技术无效率模型影响因素估计结果。东中部地区财政支农支出一次项（*Fina*）的系数均为正，而其二次项（$Fina^2$）却为负，均通过了 10% 的显著性水平检验，该影响效应同样具有“U”形特征，不难算出东部地区和中部地区模型下的拐点值分别为 0.945 和

1.474，表明在财政支农支出低于拐点值时，对提高东部地区（中部地区）贫困强度效率有抑制作用，超过拐点时，这种抑制效果逐渐减弱直至消失，能够促进贫困强度效率的提高。西部地区的教育支出（*Edu*）的弹性系数为负，通过了1%的显著性水平检验，表明教育的发展，对提高西部地区的贫困强度效率均具有积极效应。三大地区的科技投入（*Tec*）和医疗条件（*Med*）对贫困强度效率的作用并未显现。产业结构升级（*IS*）的弹性系数在三大地区均显著为负，弹性系数分别为 -0.150、-0.234 和 -3.152，表明当地产业结构的优化升级能够对缩小贫困人口收入差距产生作用，促进了当地贫困强度效率的改进，该效应在西部地区最为明显。

表 7.10　　贫困强度的技术无效率模型估计结果

	东部地区	中部地区	西部地区
Fina	1.198*** [2.79]	3.594*** [3.61]	2.632 [0.57]
$Fina^2$	-0.634** [-2.18]	-1.219*** [-3.37]	-1.852 [-0.72]
Edu	2.349 [0.59]	2.474 [2.57]	-2.904* [-1.98]
Tec	-2.503 [-0.34]	0.675 [0.03]	1.032 [0.85]
IS	-0.150*** [-3.35]	-0.234** [-2.17]	-3.152*** [-4.35]
Med	-0.588 [-1.78]	3.440 [0.6]	4.107 [1.81]
截距项	2.047*** [4.16]	-0.883 [-0.5]	-2.033 [-0.61]
σ_μ	1.707	0.924	1.213
σ_e	1.995	1.281	1.852

注：***、**、*分别表示在1%、5%和10%的显著性水平上显著；[ ] 内为t统计量。

综上所述，财政支农支出的减贫效率具有“U”形特征，在财政支农支出低于拐点值时，对提高贫困效率有抑制作用，超过拐点时，这种抑制效果逐渐减弱直至消失，能够促进贫困效率的提高，这在三大地区均有体现。教育支出（*Edu*）在三大地区均能够发挥提升贫困效率的作用，这种促进效果在西部地区最为显著，东部地区效应最低，这意味着，在欠发达地区，教育扶贫的重要性。产业结构升级（*IS*）对提高三大地区的贫困强度效率有显著效果，医疗条件（*Med*）的改进对提高三大地区的贫困广度和贫困深度效率有显著效果。产生以上现象的原因可能是东中西部地区贫困的状况、贫困人口的特征、致贫的原因不同。对于东部和中部地区的贫困人口而言，人力资本的提高可能是他们摆脱贫困最重要的途径，因此经济增长通过拉动卫生和文教事业费支出的增加减轻贫困的作用最大。而对于西部地区的贫困人口而言，公共基础设施的建设可以直接为贫困人群提供大量的工作岗位，增加他们的收入，还可以改善贫困人口的生活和生产条件，使他们更容易融入社会和经济生活中，特别是那些偏僻地区，公路、水电、通信设施的完善，可以使贫困地区的各种产出输送到市场中，使他们参与经济活动，增加收入，摆脱贫困，而抚恤、社会福利救济补贴和社会保障支出直接可以补贴贫困人口，提高其收入水平。

第四节　本章小结

本章基于随机前沿分析方法（SFA）结合我国 2001—2020 年各省的人力资本和劳动资本等数据，测算实际的减贫技术效率，同时考虑各省份财政支农支出、教育水平、科技投入、产业结构和医疗保障等情况，对地区技术效率状况、影响因素探究以及财政支农支出减贫效率等进行实证分析。主要研究结论如下：

第一，根据技术效率测算结果，总体上，2001—2020 年，财政减贫技术效率逐年增加，但效率值不高，表明在未来，提升减少相对贫困效率仍有很大提升空间。

第二，减贫效率具有很明显的区域差异。贫困广度、贫困深度和贫困强度的减贫技术效率按照由东到西递减趋势排列。这与目前各地区的经济现状和居民收入水平密不可分，东部地区的发达省份占据大多数，通过资本和劳动投入，在近几年像北京和上海这类省份即使采用相对贫困线，其贫困人口早已经清零，减贫效果显著，其政策重点已经转向提高贫困人口收入和缩小差距方向努力，因此东部地区的贫困深度和贫困强度效率也最大。而对于中西部地区来说，还存在相当一部分的低于贫困线以下的人口，对于该类贫困人口的脱贫是重点。因此，中西部地区在提升贫困人口的收入问题上还有很大的提升空间，财政减贫效率的提升潜力巨大。

第三，从全国样本来看，财政支农支出的减贫效率具有“U”形特征，在财政支农支出低于拐点值时，对提高贫困效率有抑制作用，超过拐点时，这种抑制效果逐渐减弱直至消失，能够促进贫困效率的提高，这在三大地区同样均有体现。且最终财政支农支出减贫效率评价值中，东部地区 > 西部地区 > 中部地区。影响贫困技术效率的政策因素中，教育支出、产业结构优化升级和改善医疗条件对提高减贫效率均有效果。从三大地区异质性来看，财政支农支出对东中西部的贫困效率长期内均有积极作用。教育支出和医疗条件的减贫效率在欠发达地区更为有效。

第四，财政支农支出对贫困广度的减贫效率评价最高，其次为贫困强度效率评价值，贫困深度效率评价值最低，说明财政政策仍然是减少贫困人口，促进农村增收的重要工具。在发挥效用上，财政支农支出减贫效果发挥最好的还是在经济发达的东部地区，依托先进的生产技术和发达的经济条件，财政支农支出可以帮助贫困人口提高收入水平，缩小不平等差距。

第八章

结论、对策与展望

财政支农支出作为我国减贫政策体系的重要组成部分，其直接与间接减贫效应及效率优化对巩固脱贫攻坚成果、推动乡村振兴具有重要意义。本章基于前文的理论分析与实证研究，系统总结财政支农支出减贫的主要结论，并提出针对性的政策建议。研究发现，财政支农支出在缓解相对贫困方面仍存在较大提升空间，其“输血式”直接减贫与“造血式”间接减贫需协同发力，同时减贫效率的优化需多措并举。在此基础上，本章从精准识别贫困、扩大财政补贴覆盖面、强化经济增长与收入分配调节作用等方面提出对策，并指出未来研究可进一步深化财政支农政策的长效机制与动态效应评估，以期为我国相对贫困治理提供更科学的政策参考。

第一节　主要结论

根据世界银行统计，全球40%以上的穷人生活在受冲突和暴力影响的经济体中。中国长期致力于缓解和消除贫困，积极探索中国特色的减贫道路，于2020年顺利实现了现行标准下农村贫困人口全部脱贫的目标。尽管绝对贫困得以消除，但其剩余长尾效应导致农村相对贫困仍将大面积存在。而从绝对贫困到阻断农村相对贫困代际传递的治理，取决于能否进一步完善治理结构和创造一种新的反贫政策机制。自2004年起，中央连续多年发布的以"三农"为主题的中央一号文件中，均肯定了财政支农杠杆在农民增收中的作用，力求促进财政支农和乡村振兴战略之间的有效互动，提高支农效率，进而增加农民收入。有鉴于此，本书立足中国2020年全面消除绝对贫困的现实背景，从相对贫困的测量与估计出发，聚焦从中国财政支农支出政策视角解决阻断农村相对贫困问题。本书选用*FGT*贫困指数对我国分省以及区域的2001—2020年农村相对贫困进行测量，然后以面板数据模型为原型，引入交互固定效应消除财政支农支出减贫效应估计中可能存在的混杂因素的影响，同时提出分层线性模型研究财政支农支出的间接减贫作用机理和调节中介效应，并进一步基于随机前沿分析方法，构建出我国财政支农支出减贫效率评价思路。最后为从财政支农支出角度夯实贫困治理成果提供科学决策。通过以上综合研究，得出以下结论。

一、整体上我国缓解相对贫困还有很大提升空间

（一）农村贫困程度呈现收敛趋势，贫困指数差异趋向稳态水平

随着相对贫困概念和相对贫困治理的提出，总体上我国的贫困广

度、贫困深度和贫困强度在逐年下降，中国各地区农村贫困被有效遏制，极端贫困人口的收入状况改善明显，最终使农村贫困人口内部的收入不平等程度在整体上也有所降低。不论是贫困广度、贫困深度和贫困强度，西部地区都处于最高点，其次为中部地区，东部地区最低，这与经济发展水平有很大关系。近几年，中部和东部地区的差距正在逐渐缩小，甚至东部地区的贫困强度超过中部地区。收敛性分析表明，收敛程度东部地区 > 全样本 > 中部地区 > 西部地区。而且各省间的贫困指数差异逐渐缩小，且贫困广度收敛最快，贫困强度收敛最慢。意味着全国各地区之间的贫困指数趋向收敛于内部相同的稳态水平，贫困指数差异逐渐缩小，趋向收敛于同一个稳态水平，我国减少贫困发生率的效果显著，但未来相对贫困的治理道路上要加强对贫困深度和贫困强度的重视。

（二）各省相对贫困指数自东向西逐渐增加，西部地区提升空间巨大

东中西三大地区的贫困指数自西向东逐渐递减，东部地区占据全国贫困指数最低的 8 个省份，而西部地区的排名几乎占据了全国后 10 位，这表明，我国各省的相对贫困广度与当地的经济发展水平，地理位置息息相关，东部地区的贫困状况已经得到了很好的控制，相对贫困人口最少。因此，脱贫攻坚需要因地制宜，进行重点攻克。

二、财政支农支出具有“输血式”直接减贫效果

（一）交互效应体现了因口径不一致、数据缺失等带来不可观测性，引入交互作用项能有效估计财政支农支出减贫的政策效应

受限于财政支农支出部分分项的不可观测，以及控制变量的选取没有统一标准的情况，在一般面板数据模型中引入个体和时间交互效应项，能够弥补因遗漏不可观测的解释变量而带来的财政支农减贫效应估计混杂和不准确问题。交互效应模型克服了传统面板模型的缺陷，能够刻画出不可观测的共同因子对变量的影响，能够更好地适用于本章财政

支农支出直接减贫效应的研究。对带交互效应静态面板数据模型的估计，首先将数据离差处理后可规避掉个体固定效应项，只保留交互效应项部分，从而使用迭代最小二乘法是一个有效计算方法。迭代最小二乘算法在模型参数和共同因子、载荷矩阵之间交互迭代运算，最终模型参数给出我国财政支农支出减贫效应的估计，而因子得分给出个体异质性分析，以及数据缺失和统计口径变化带来的相关问题。

（二）研究得出财政支农支出对直接减贫具有较好的解释力，且不同省市对于共同冲击的反应存在明显差异性

交互效应模型估计结果显示，财政支农支出对贫困广度（*H*）、贫困深度（*PG*）、贫困强度（*SPG*）的系数均显著为负，分别为 -2.940、-1.884 和 -2.226，这表明，财政支农支出对贫困广度、贫困深度和贫困强度具有显著的抑制作用，可以验证财政支农支出具有非常显著的直接减贫效应，比如其中的农村救济费、农村灾后补贴等是保证基本生活的生活费用补贴，也是为贫困人口提供的一种救济手段。地区差异性分析显示，目前财政支农支出政策仅对东部地区缩小贫困广度、消除绝对贫困人口有效，意味着随着从绝对贫困消除转向相对贫困治理，未来我国财政支农政策必须因地制宜调整。总体来看，各个省份对财政支农支出中隐性共同因子冲击存在较大的地区差异，反应最强烈的是北京和上海，均位于东部地区，因此，经济发达的省份对于共同冲击的反应更为强烈。

三、财政支农支出可通过多种方式实现“造血式”间接减贫

（一）我国农村贫困数据呈现明显层次结构特征，使用分层线性模型具有较强说服力

带分层线性面板数据模型是计量经济中有效的变参数模型形式之一，对诸如中介效应和调节效应有比较完整的理论表达和实际解释。尤其可以探索不同层面自变量对因变量的影响以及不同层面自变量之间的跨层交互作用。由于我国农村贫困在各省份乃至东中西部区域表现出明

显的层次结构特征，本章提出的分层线性模型具有现实意义。经过 *ICC* 计算，我国各省农村贫困状况具有显著的区域结构性分布，各省农村贫困广度、贫困深度、贫困强度中分别约有 30.7%、67.2% 以及 61.8% 的变异是由省份之间的差异造成的。因此，在研究我国相对贫困的影响因素中，考虑使用能够区分组间与组内差异的分层线性模型具有较强的说服能力。

（二）经济增长、缩小收入分配差距、产业结构升级在财政支农支出减贫路径中发挥积极中介作用，是间接减贫的主要动力

在分层线性模型的估计中，经济增长表现出对减缓农村强度的显著作用。经济增长不会自动惠及所有社会成员，经济增长虽然是解决贫困问题的决定性因素，但收入分配将影响经济增长的减贫效果。研究结论也发现，收入分配系数显著为正，能够提高贫困状况，随着收入分配差距的不断扩大经济增长的减贫效应逐渐递减，直至消失。产业结构升级对减少相对贫困有直接效应，尤其是在城镇化的调节作用下，对贫困广度、贫困深度和贫困强度的抑制作用更加明显，对缓解相对贫困起到积极作用。事实上，产业扶贫是促进贫困个体（家庭）与贫困区域协同发展，根植发展基因，激活发展动力，阻断贫困发生的一种最有效的扶贫方式。

（三）城镇化发展或是拖累财政支农支出减贫的因素，构成跨层次调节中介作用

研究发现我国目前实施的财政支农支出减贫，一方面来源于自身的直接减贫效应，另一方面来源于其与城镇化水平的交互效应。值得注意的是，城镇化水平作为中介调节变量，带来的负面效应抑制了财政支农支出在减贫方面的效果。城镇化带来的负面效应会使财政支农支出政策得不到有效发挥，极有可能加剧区域发展不平衡和贫富差距的扩大。区域异质性来看，西部地区的财政政策减贫效果最好，这种财政支农支出政策呈现从西向东递减趋势，这与当地的经济发展程度和城镇化水平等要素是密不可分的。

四、提升财政支农支出减贫效率需要多种举措共同配合

（一）我国减贫技术效率逐年递增，各地区存在空间异质性

总体上，在考察期，我国减贫技术效率逐年递增，但总体上减贫效率值不高，不超过 0.66，表明在未来，提升减贫效率的潜力巨大。分别从三大地区来看，贫困广度、贫困深度和贫困强度的技术效率按照由东到西递减趋势排列。这与目前各地区的经济现状和居民收入水平密不可分，东部地区的发达省份占据大多数，通过资本和劳动投入，在近几年像北京和上海这类省份即使采用相对贫困线，其贫困人口早已经清零，减贫效果显著，其政策重点已经转向提高贫困人口收入和缩小差距方向努力，因此东部地区的贫困深度和贫困强度效率也最大。而对于中西部地区来说，还存在相当一部分的低于贫困线以下的人口，对于该类贫困人口的脱贫是重点。因此，中西部地区在提升贫困人口的收入问题上还有很大的提升空间，减贫效率的提升潜力巨大。

（二）财政支农支出对减贫技术效率的影响效应呈现“U”形特征，长期内能够促进效率的增加

财政支农支出的减贫效率的影响具有“U”形特征，在财政支农支出低于拐点值时，对提高贫困效率有抑制作用，超过拐点 1.195 时，这种抑制效果逐渐减弱直至消失，能够促进贫困效率的提高，这在三大地区同样均有体现。且最终财政支农支出减贫效率评价值中，东部地区 > 西部地区 > 中部地区。此外，还对财政减贫效率进行评价，对贫困广度的减贫效率评价最高，其次为贫困强度效率评价值，贫困深度效率评价值最低，说明财政政策仍然是减少贫困人口，促进农村增收的重要工具。在发挥效用上，财政支农支出减贫效果发挥最好的还是在经济发达的东部地区。

（三）提升减贫技术效率亟待从政策、经济和社会三轮驱动

在影响减贫技术效率的因素中，政策影响因素中的教育支出在三

大地区均能够发挥提升贫困效率的作用，这种促进效果在东部地区最为显著，西部地区效应最低，甚至西部地区在贫困深度和贫困强度模型中并不显著，科技投入同样在东部地区发挥的积极效应最为显著，这意味着，在欠发达地区，教育和科技扶贫还有很大的提升空间。经济影响因素中，产业结构升级同样对东部地区发挥的效应最大。社会影响因素中的医疗条件的改进对提高西部地区的技术效率有更加显著效果。

第二节　对策建议

一、提高相对贫困的识别精准性

（一）提高对相对贫困人口识别的精准性，进行扶贫对象转型

在2020年之后，随着中国的经济转型升级，将会产生更多类型的贫困，进行扶贫对象的重新认知是非常重要的。具体来说，贫困并没有彻底终结，城市贫困正在引起众多学者的关注，随着城镇化的发展，农村贫困转而向城市贫困转变，贫困的相对性和次生性特征显现。因此，提高对相对贫困人口识别的精准性非常重要。从本书测算结果来看，2020年后逐步采用相对贫困标准是可行的，并不会造成大量农村人口处于相对贫困线以下。由于我国经济发展水平差距较大，在以居民收入水平为贫困线的基础上，会造成城乡贫困指标差距过大。因此，建议根据经济发展水平分地区设立不同的贫困线。欠发达地区贫困线的设定原则是必须保障受环境影响较大的易返贫的边缘人口全覆盖，且不能给政府的财政扶贫带来更多的压力，这样才能更加巩固来之不易的脱贫成果。对于发达地区的贫困线，可参考国际标准或者发达国家的设定原则，对相对贫困人口进行识别。此外，在同一地区，也可以城乡分设不

同的贫困线，毕竟在城镇化发展的过程中，城市贫困人口也是不可忽视的一类，也要逐步重视。

（二）健全防止返贫机制，遏制新致贫诱因

刚脱离绝对贫困的群体抵御风险能力较弱，在面对突如其来的自然灾难或者经济系统性风险时，极易再次陷入绝对贫困之中。以 2020 年以来的新冠疫情为例，疫情导致经济长时间的停工停产，企业被迫大规模裁员，最先失业的人员大多数是刚刚脱贫群体，他们积蓄较少，债务（房贷、车贷等）收入占比较高，一旦失业，债务收入平衡就会被打破，从而使通过就业扶贫政策脱贫的群体就可能再次陷入绝对贫困状态。我国政府对疫情防控和经济发展二者进行了有效的平衡，在疫情防控得到有效控制后，积极开展复工复产。同时对因疫情导致失业群体的债务可以延后偿还，从扩大就业和减轻债务两个方面杜绝因疫情导致的返贫致贫。要对脱贫不稳定户、边缘易致贫户的收支状况重点关注，对收入骤减情况快速发现和积极响应。

（三）解决贫困代际传递问题，扶贫与扶智相结合

要解决贫困代际传递问题，最重要的是要保证财政对于基础教育的定向投入，保证基础教育的公平性。一方面，在教育阶段，延长对贫困人口子女教育的资助时段，尽力做到学前教育至高等教育全覆盖，改善贫困人口子女聚集区的学校硬件施舍，同时提高素质教育。加强对贫困人口子女的父母宣传教育重要性的力度，全面提高贫困人口子女的学历水平，通过扶智进而扶贫，从而缓解代际贫困问题。另一方面，要加大提高劳动者技能培训，建立以政府为主导，以企业为载体，以贫困人口为主体的培训体系，可以促进城乡产业融合，解决企业劳动力供给不足，提高贫困人口收入。培训要做到因材施教，毕竟贫困人口受教育水平普遍较低，政府要突出培训的普适性和针对性，既要注重专业性，也要重视实用性，全面提高贫困人口的劳动技能，进而提升整个地区的人力资本水平。

二、拓宽对贫困人口家庭实行专项财政补贴的覆盖面

（一）对农村贫困人口的直接补贴政策是提高贫困人口收入最有效的方法

本书研究认为，财政中的农村最低生活保障支出是中国现阶段可以重点考虑的、提高农村贫困人口收入的一项政策工具，现有的交互效应面板数据模型研究已经证明了该项财政支农支出对缓解农村贫困具有显著的成效，尤其是对极端贫困人口而言，财政补贴是其最主要的收入来源。因此，应继续坚持财政扶贫中的最低生活保障补贴政策，切实保障民生。首先，拓宽对贫困人口家庭实行专项财政补贴的覆盖面，因为该项财政转移支付涉及遭受疾病和灾害的专项救助，孤儿、无亲属赡养的老人和残疾人的福利救助，并且应切实追踪落实效果。其次，通过特定的专项转移支付可以为贫困户提供政策保障，如扶贫贴息贷款和以工代赈等。可以有效激发贫困户的创业潜能和劳动热情，从而间接提升贫困人口的收入水平。最后，应加强各类财政直接支出扶贫的政策协调性，既要实现民生保障对贫困人口的精准覆盖，又要避免政策冲突导致的资源浪费，从而实现不同政策的优势互补。

（二）逐步向教育、卫生等多维度扩展

本书的研究结论证明了教育医疗在减贫中发挥的重要作用，尤其是在欠发达地区，该效果更加显著。在教育方面应该注重教育的公平性，一方面应加强对贫困地区的教育资助，另一方面应借助互联网平台，为贫困人口提供教育培训。医疗扶贫也是缓解贫困的有效途径，必须完善基层医疗卫生服务网络。其一，加大贫困地区卫生所的医疗硬件设施建设力度，通过提高乡村医生待遇从而提高贫困地区医疗人员的技术水平。其二，提高贫困人口新农合住院费用报销比例、提高贫困人口大病保险报销比例，持续做好大病专项救治工作，切实降低贫困患者费用负担。其三，强化三级医院对口帮扶，提高远程医疗服务利用率，完善派驻、巡诊工作机制，切实解决基层医疗机构实际困难。最后，倡导贫困

地区居民形成健康文明的生活方式，逐步把大病专项救治转变为普惠性治疗，从根本上解决因病致贫返贫问题。

三、财政依托经济增长和产业结构优化等举措对农民增收实现持续发力

（一）有效发挥经济发展在减贫中的重要推力

近年来，政府财政支农资金投入占比虽然逐年增大，但政策执行偏差、很多地方政府的农业项目配套资金不能到位，导致很多农业与农村发展需要的公共产品提供不足，致使当前我国农业的基础依然处于比较薄弱，城乡发展失衡问题严峻。因此，为了解决我国财政支农资金投入不足问题，必须尽快建立起能保证今后财政支农资金的稳定增长的机制。当前我国财政支农资金投入的不足在很大程度上是由于地方政府用于支持农业与农村发展的资金过少，而地方政府对农业与农村的财政投入少是与地方政府财力强弱有很大关系的。为了增加地方财政对农业与农村的投入，首先要保证地方财政有持久稳定可靠的收入来源，有较高的财政可支配度，从长远来看，这就需要大力发展地方经济，尤其是要进一步提升中西部地区的经济发展水平，通过减税让利、改善中小企业的融资条件、积极推进区域生产要素流动等措施促进地方经济的发展。鉴于财政支农支出在农业产业增长的减贫模式中发挥了有效的政策调节作用，政府应该围绕乡村振兴战略不断优化财政支农支出规模和增长幅度，将其保持在一个科学、合理的范围之内，这样才能促进农业投入有效地转化为生产力，最终促进实际经济的产出，实现财政支农支出与第一产业发展之间的良性互动。

（二）加快收入分配的合理性，摆脱门槛限制

研究显示，收入分配差距过大对贫困状况产生不利影响，这正是会拖累经济增长带来的扶贫成果，可以这么说，收入分配的差距决定着经济发展成果能否惠及到穷人。因此，缩小收入分配差距需要注意以下方面。贫困人口大多从事繁重且收入低下的工作，且社会保险并不能完全

覆盖，导致其在社会初次分配中处于最底层。然后，由于低收入人口大多仅掌握最基本的劳动技能，无法维护自身的合法权利，更容易受到资本的剥夺，其在再分配的过程中，权益也无法得到保障，因此，政府部门要充分重视低收入人口的劳动报酬和基本社会福利保障。此外，目前国家对于个人所得税的征收标准一直在调整，对于高收入人群的偷税漏税现象严厉打击，进而从根本上扭转高收入低消费和低收入高赋税并存的不平等局面。

（三）优化产业结构优化升级，拉动居民增收

必须优化产业结构优化升级，切实拉动居民收入的持续性增加。首先，由于第一产业（即农业）发展和结构调整对本地区贫困缓解起着举足轻重的关键作用，亟须加快依托贫困地区自身的特色资源禀赋，培育特色农业的发展，提高农业生产的附加值，从而为财政扶贫增收效应的发挥创造有效的第一产业基础。其次，财政支农支出在第一产业增长的减贫模式中发挥有效的政策调节作用，政府应该围绕乡村振兴战略不断优化财政支农支出规模和增长幅度，将其保持在一个科学、合理的范围之内，这样才能促进农业投入有效地转化为生产力，最终促进实际经济的产出，实现财政支农支出与第一产业发展之间的良性互动。另外，第三产业，特别是服务业的快速发展，将产生许多准入门槛低且劳动报酬丰厚的就业机会，有利于农村人口通过非农就业实现收入增长。因此要抓住城镇化进程带来的人口转移热潮，加快优化升级产业结构。尤其是在中部西部地区，自然条件恶劣，限制了贫困人口依靠第一产业实现收入增长的空间。随着近年来劳动密集型企业由东部向内陆地区转移，政府应借此机遇加大对贫困人口的教育与技能培训，避免返贫现象发生。

四、通过政策、经济和社会力量提升财政支农支出减贫效率

（一）提高地方政府事权，降低效率损失

本书的研究表明，财政支农支出在缓解贫困广度、贫困深度和贫困强度方面均产生作用，尽管会存在一定的效率损失，但其扶贫作用是不

可忽视的。目前，中国实行分税制制度，中央政府将更多的事权派发到各级地方政府，造成其在社会保障、医疗、教育等方面有可能因为经验不足产生混乱，因此，在今后的扶贫工作中，要加大对地方政府事权的管理力度，统筹中央政府的指导思想，各级政府要合理规划在经济发展、社会保障、公共产品服务方面的管理职责，力求各方面合理运行，相辅相成，将效率损失保持在一个合理的范围内。

（二）强化地方政府财政支出绩效考核与监督机制

要强化地方政府财政支出绩效考核与各级监督管理机制。一方面，引入竞争激励机制，对地方政府的财政扶贫资金进行追踪，通过其投入产出效率，对成果突出的地方政府官员进行奖励。另一方面，目前的财政扶贫支出各项工作存在大量”滴漏”、浪费和结余情况，因此，要发挥民众的监督权力，推出一套完善的民生财政政策评价体系，对财政支付资金需”精准化”和”精细化”管理。应建立 3 个层次的监督体系，即政府监督、人大监督和社会中介机构监督。每个预算年度内，政府要对财政支农支出项目进行分析和监督，并接受人大审查，同时政府还要委托社会中介监督机构，对所有的扶贫资金进行定期或不定期的审核，对查出的问题要依法严肃处理。此外，还应加强农村扶贫政策宣讲和信息公示，提高各项转移支付资金的透明度，确保资金分配的公平合理。

（三）财政扶贫资金应专款专用，提高群体瞄准性

未来的农村扶贫政策不仅要加强资金投入，还要重视资金的瞄准性。在本书的回归结果中，中部地区以及部分省份财政减贫效率较差，广受诟病，中央也在不断提高一般财政支农支出的比重；但从回归结果来看，专项的财政转移支付比如农村最低生活保障支出的直接减贫效果却更好。因为这种有针对性的财政支农支出的补贴是有严格的标准的，必须达到专款专用，而普通的比如农林牧渔业支出，往往会因对象不明朗，造成贪污浪费现象。因此，一方面，在贫困地区，这种有针对性的专项补贴必须作为短期扶贫在财政支出中占有一定的比例，但也不能忽视了普通财政支农支出的投入，毕竟要达到长期持续的减贫效果，该类

扶贫资金是有很大作用的。另一方面，在县级和村级都已经建立好发展的环境后，未来扶贫政策的瞄准层次应该集中在农户层次，有必要开发更多的瞄准农户的扶贫项目，尤其是处于深度贫困的农户，比如低保户、五保户、残疾人口等的补贴，建立起一套完善的社会保障救助体系，实现深度贫困全覆盖。

第三节　研究不足与未来展望

本书立足全面脱贫攻坚与乡村振兴的现实背景，基于中国的农村贫困估计，聚焦探索财政支农支出的减贫效应问题。尽管本人已经做出了最大努力，但是本书研究仍然存在不足之处和拓展空间，主要表现在以下两个方面：

第一，本书的研究数据采用的是统计年鉴中的宏观经济数据，来源于政府调查。在很多关于农村居民的研究中，也有采用农村住户家庭调查数据，与宏观数据相比，家庭调查数据所列指标更为详细，能够从全方位反映农村居民的收入水平、居住环境等，因此，在未来，可以使用宏观数据与家庭调查数据相结合的方式，共同探究治理相对贫困的长效机制。

第二，由于统计口径以及统计难度，农村居民按五等份分组数据并未在各省报告，在时间上仅从 2001 年开始，故在贫困估计上或许导致样本较少。在财政支农支出的衡量上，自 2007 年开始，国家对财政支持农业的项目不再具体细分，统一以财政农林水事务支出衡量，里面涵盖了农业支出、林业支出、水利支出、扶贫支出、农业综合开发支出等。这对于本书的研究来说，可能指代性不强，降低了减贫研究的准确性，后续可寻找更合适的度量财政支农支出的指标。

参考文献

［1］邢成举．政策衔接、扶贫转型与相对贫困长效治理机制的政策方向［J］．南京农业大学学报（社会科学版），2020，20（04）：133－143.

［2］周迪，陈明成，邱铭坚．脱贫群体的内生动力与返贫风险——来自广东省相对贫困村的微观证据［J］．财经研究，2022，48（08）：48－62.

［3］刘愿理，廖和平，李靖，等．后2020时期农户相对贫困测度及机理分析——以重庆市长寿区为例［J］．地理科学进展，2020，39（06）：960－971.

［4］阙祥才，舒黎．人力资本视域下的农村家庭贫困代际传递研究——基于武汉市J乡的调查［J］．华中农业大学学报（社会科学版），2017（06）：27－34，149.

［5］王亚芬，韩律，李倩倩．教育对贫困的影响——基于中国1986年义务教育法的实证分析［J］．南开经济研究，2022（07）：126－144.

［6］黄寿峰．财政支农、金融支农促进了农民增收吗？——基于空间面板分位数模型的研究［J］．财政研究，2016（08）：78－90.

［7］王娟，张克中．公共支出结构与农村减贫——基于省级面板数据的证据［J］．中国农村经济，2012（01）：31－42.

［8］赖玥，成天柱．财政扶贫的效率损失——基于财政激励视角的县级面板数据分析［J］．经济问题，2014（05）：33－37.

［9］龚维进，覃成林，李超．中国财政支出的减贫效应——基于结构与空间视角［J］．经济与管理研究，2018，39（05）：24－37.

［10］洪名勇，吴昭洋，王珊．贫困指标分解、民主评议与扶贫云系统失灵——兼论贫困户识别的基层民主方式［J］．农业经济问题，2017，38（12）：22－30，110－111．

［11］单德朋，王英．基于时间赤字的隐性贫困测度原理、方法与应用［J］．数量经济技术经济研究，2022，39（05）：125－144．

［12］孙久文，夏添．中国扶贫战略与2020年后相对贫困线划定——基于理论、政策和数据的分析［J］．中国农村经济，2019（10）：98－113．

［13］解垩，李敏．相对贫困、再分配与财政获益：税收和转移支付的作用如何？［J］．上海财经大学学报，2020，22（06）：3－20．

［14］赵磊，吴媛．中国旅游业与农村贫困减缓：事实与解释［J］．南开管理评论，2018，21（06）：142－155．

［15］Bai J. Panel Data Models with Interactive Fixed Effect［J］．Econometrica，2009，77（04）：1229－1279．

［16］唐礼智，刘玉．随机效应广义空间滞后半参数变系数面板模型的估计［J］．统计研究，2018，35（02）：119－128．

［17］张旭，石磊．多水平模型及静态面板数据模型的比较研究［J］．统计与信息论坛，2010，25（03）：22－26．

［18］胡晨沛，李辉尚，曲春红．基于时空异质弹性生产函数的地区农业全要素生产率变迁特征研究［J］．农业技术经济，2021（07）：103－114．

［19］吴国宝，汪同三，李小云．中国式扶贫：战略调整正当其时［J］．人民论坛，2010（01）：42－43．

［20］Blessing Gweshengwe，Noor Hasharina Hassan. Defining the Char-Acteristics of Poverty and Their Implications for Poverty Analysis［J］．Cogent Social Sciences，2020，6（01）：178669．

［21］Chu Chen，Jay Pan. The Effect of the Health Poverty Alleviation Project on Financial Risk Protection for Rural Residents：Evidence from Chishui City，China［J］．International Journal for Equity in Health，2019，18（01）：1－16．

[22] Goldsmith, R. W. Financial Structure and Development [D]. New Hanve, Yale University Press, 1996.

[23] Clarke G, Xu. L C, Zou, H. Finance Sector Development and the Millennium Development Goals [J]. World Bank Policy Research Working Paper, 2003, 2984.

[24] 霍萱，林闽钢．中国农村家庭多维贫困识别指标体系研究[J]．社会科学战线，2018 (03)：227 -236.

[25] 王秋苏．我国财政支农支出的减贫效应研究 [D]．济南：山东财经大学，2018.

[26] 陈永伟，侯升万，符大海．我国农村相对贫困标准估计与贫困动态 [J]．统计研究，2022，39 (05)：107 -118.

[27] 肖荣荣，任大鹏，乐章．收入贫困与多维贫困的测量与比较分析 [J]．学习与实践，2018 (08)：77 -86.

[28] 罗楚亮．经济增长、收入差距与农村贫困 [J]．经济研究，2012，47 (02)：15 -27.

[29] 鲜祖德，王萍萍，吴伟．中国农村贫困标准与贫困监测 [J]．统计研究，2016，33 (09)：3 -12.

[30] Simon Appleton, Lina Song, Qingjie Xia. Growing out of Poverty: Trends and Patterns of Urban Poverty in China 1988 -2002 [J]. World Development, 2010, 38 (05): 665 -678.

[31] 刘铁芳，罗文博．1989—2009 年我国农村贫困演变及指数分解研究 [J]．农业技术经济，2013 (10)：4 -15.

[32] Martin Ravallion, Shaohua Chen. A Proposal for Truly Global Poverty Measures [J]. Global Policy, 2013, 4 (03): 258 -265.

[33] Gustafsson, Bjorn, Yue, Ximing. Rural People's Perception of Income Adequacy in China [J]. China Agricultural Economic Review, 2012, 4 (03): 264 -280.

[34] 张全红，张建华．中国农村贫困变动：1981—2005——基于不同贫困线标准和指数的对比分析 [J]．统计研究，2010，27 (02)：28 -35.

[35] 陈宗胜，沈扬扬，周云波．中国农村贫困状况的绝对与相对变动——兼论相对贫困线的设定 [J]. 管理世界，2013 (01): 67 - 77, 187 - 188.

[36] 康锋莉．城镇化、多维贫困与收入不平等 [J]. 求是学刊，2018, 45 (04): 68 - 75.

[37] Maria Livia Ştefănescu, Ştefan Ştefănescu. About the Methodology for Designing the Relative Poverty Lines [J]. Procedia Economics and Finance, 2015, 22: 828 - 835.

[38] Buhong Zheng. Statistical Inference for Poverty Measures with Relative Poverty Lines [J]. Journal of Econometrics, 2001, 101 (02): 337 - 356.

[39] 左停，李世雄．2020 年后中国农村贫困的类型、表现与应对路径 [J]. 南京农业大学学报（社会科学版），2020, 20 (04): 58 - 67.

[40] 叶兴庆，殷浩栋．从消除绝对贫困到缓解相对贫困：中国减贫历程与 2020 年后的减贫战略 [J]. 改革，2019 (12): 5 - 15.

[41] 沈扬扬，李实．如何确定相对贫困标准？——兼论“城乡统筹”相对贫困的可行方案 [J]. 华南师范大学学报（社会科学版），2020 (02): 91 - 101, 191.

[42] 孙炜红，伍骏骞，刘定，等．中国弱相对贫困标准与测量 [J]. 当代财经，2022 (05): 13 - 24.

[43] 王芳，曾令秋．财政能力约束下我国相对贫困标准的选择研究 [J]. 农村经济，2022 (03): 40 - 48.

[44] Xin Tong, Jae Hong Kim. Concentration or Diffusion? Exploring the Emerging Spatial Dynamics of Poverty Distribution in Southern California [J]. Cities, 2019, 85: 15 - 24.

[45] 张全红，李博，周强．中国多维贫困的动态测算、结构分解与精准扶贫 [J]. 财经研究，2017, 43 (04): 31 - 40, 81.

[46] 傅鹏，张鹏，周颖．多维贫困的空间集聚与金融减贫的空间溢出——来自中国的经验证据 [J]. 财经研究，2018, 44 (02): 115 - 126.

[47] 林伯强．中国的政府公共支出与扶贫政策 [J]. 经济研究，2005 (01): 27 - 37.

［48］李盛基，吕康银，金凤龄．财政教育支出减贫的空间溢出效应分析［J］．税务与经济，2016（06）：48－52.

［49］刘建民，欧阳玲，毛军．财政教育支出的农村减贫效应研究——基于网络空间结构的分析［J］．财经理论与实践，2018，39（06）：64－68.

［50］陈国强，罗楚亮，吴世艳．公共转移支付的减贫效应估计——收入贫困还是多维贫困？［J］．数量经济技术经济研究，2018，35（05）：59－76.

［51］苏春红，解垩．财政流动、转移支付及其减贫效率——基于中国农村微观数据的分析［J］．金融研究，2015（04）：34－49.

［52］Montalvo J. G.，Ravallion M. The Pattern of Growth and Poverty Reduction in China［J］，Journal of Comparative Economics，2009，38（01）：2－16.

［53］Paul J. Gertler，Sebastian W. Martinez，Marta Rubio－Codina. Investing Cash Transfers to Raise Long－Term Living Standards［J］．American Economic Journal：Applied Economics，2012，4（01）：164－192.

［54］Nguyen Viet Cuong. Poverty Projection Using a Small Area Estimation Method：Evidence from Vietnam［J］．Journal of Comparative Economics，2011，39（3）：368－382.

［55］陈鹏，李建贵．财政支农资金的减贫增收效应分析［J］．西北农林科技大学学报（社会科学版），2018，18（05）：137－145.

［56］田勇，殷俊，薛惠元．“输血”还是“造血”？面向农户的公共转移支付的减贫效应评估——基于农业产出的视角［J］．经济问题，2019（03）：78－86.

［57］郑晓冬，上官霜月，陈典，方向明．有条件现金转移支付与农村长期减贫：国际经验与中国实践［J］．中国农村经济，2020（09）：124－144.

［58］李丹，李梦瑶．财政转移支付的减贫效应研究——基于国定扶贫县的实证分析［J］．财经研究，2020，46（10）：48－63.

［59］卢盛峰，卢洪友．政府救助能够帮助低收入群体走出贫困

吗？——基于 1989—2009 年 CHNS 数据的实证研究［J］. 财经研究，2013，39（01）：4-16.

［60］解垩. 公共转移支付对再分配及贫困的影响研究［J］. 经济研究，2017，52（09）：103-116.

［61］刘穷志. 转移支付激励与贫困减少——基于 PSM 技术的分析［J］. 中国软科学，2010（09）：8-15.

［62］樊丽明，解垩. 公共转移支付减少了贫困脆弱性吗？［J］. 经济研究，2014，49（08）：67-78.

［63］徐超，李林木. 城乡低保是否有助于未来减贫——基于贫困脆弱性的实证分析［J］. 财贸经济，2017，38（05）：5-19，146.

［64］Meng L. Evaluating China's Poverty Alleviation Program：A Regression Discontinuity Approach［J］. Journal of Public Economics，2013，101：1-11.

［65］吕诚伦，江海潮. 财政农业支出影响农业经济增长效应研究——基于 1952—2012 年的数据分析［J］. 财经理论与实践，2016，37（204）：90-95.

［66］李盛基，吕康银，朱金霞. 财政支出、经济增长与农村贫困——基于 1990—2008 年时间序列数据的实证分析［J］. 东北师大学报（哲学社会科学版），2014（03）：100-104.

［67］文雁兵. 包容性增长减贫策略研究［J］. 经济学家，2015（04）：82-90.

［68］罗知. 地方财政支出与益贫式经济增长——基于中国省际数据的经验研究［J］. 武汉大学学报（哲学社会科学版），2011，64（03）：75-80.

［69］王筱欣，蒋睿. 中国益贫式增长与财政支出——基于省际 PEGR 指数的实证研究［J］. 重庆理工大学学报（社会科学），2015，29（11）：57-64.

［70］陈菁，孔祥智，贺达水. 经济增长与中国农村贫困：基于交易权利的分析［J］. 贵州财经大学学报，2015（06）：90-98.

［71］Scott Rozelle. Poverty，Population and Environmental Degradation in China [J]. Food Policy, 1997, 22 (03): 229 - 251.

[72] 李焕彰，钱忠好. 财政支农政策与中国农业增长：因果与结构分析 [J]. 中国农村经济，2004 (08): 38 - 43.

[73] 王雪妮，孙才志. 1996—2008 年中国县级市减贫效应分解与空间差异分析 [J]. 经济地理，2011，31 (06): 888 - 894，887.

[74] 刘建民，欧阳玲，毛军. 财政分权、经济增长与政府减贫行为 [J]. 中国软科学，2018 (06): 139 - 150.

[75] 张凤华，叶初升. 经济增长、产业结构与农村减贫——基于省际面板数据的实证分析 [J]. 当代财经，2011 (12): 14 - 21.

[76] 陈飞，卢建词. 收入增长与分配结构扭曲的农村减贫效应研究 [J]. 经济研究，2014，49 (02): 101 - 114.

[77] 李普亮. 财政农业支出、农民增收与城乡居民收入差距——基于省级面板数据的实证 [J]. 南方经济，2012 (08): 57 - 75.

[78] 孙致陆，肖海峰. 地方财政支农支出对农民收入影响的实证分析——基于 1994—2009 年省级面板数据 [J]. 地方财政研究，2013 (04): 8 - 15.

[79] 吕炜，刘畅. 政府公共福利对中国益贫式增长的影响——基于 PEGR 指标的经验分析 [J]. 财政研究，2010 (10): 26 - 31.

[80] 林伯强. 中国的经济增长、贫困减少与政策选择 [J]. 经济研究，2003 (12): 15 - 25，90.

[81] 杜凤莲，孙婧芳. 经济增长、收入分配与减贫效应——基于 1991—2004 年面板数据的分析 [J]. 经济科学，2009 (03): 15 - 26.

[82] 张伟宾，汪三贵. 扶贫政策、收入分配与中国农村减贫 [J]. 农业经济问题，2013 (02): 66 - 75.

[83] 邹杰，段龙龙，郭世芹. 财政支农对城乡转移性收入不平等的影响——基于 2000—2013 年的省级面板数据 [J]. 经济问题探索，2016 (06): 143 - 149.

[84] 毛伟，李超，居占杰. 经济增长、收入不平等和政府干预减贫的空间效应与门槛特征 [J]. 农业技术经济，2013 (10): 16 - 27.

[85] 邓宏亮. 财政支农增长的空间外溢性及门槛效应分析 [J].

财贸研究，2013，24（05）：62－69.

［86］ Unal Seven，Yener Coskun. Does Financial Development Reduce Income Inequality and Poverty? Evidence from Emerging Countries［J］. Emerging Markets Review，2016，26：34－63.

［87］ Kousar Rizwana，Rais Syed Imran，Mansoor Abdul，Zaman Khalid，Shah Syed Tahir Hussain，Ejaz Shakira. The Impact of Foreign Remittances and Financial Development on Poverty and Income Inequality in Pakistan：Evidence from ARDL－Bounds Testing Approach［J］. Journal of Asian Finance，Economics and Business，2019，6（01）：71－81.

［88］ Wu Haitao，Ding Shijun，Wan Guanghua. Income Inequality and Rural Poverty in China：Focusing on the Role of Government Transfer Payments［J］. China Agricultural Economic Review，2015，7（01）：65－85.

［89］ Khalid Zaman，Iqtidar Ali Shah，Muhammad Mushtaq Khan，Mehboob Ahmad. The Growth，Inequality and Poverty Triangle：New Evidence from a Panel of SAARC Countries［J］. Int. J. of Economics and Business Research，2012，4（05）：485－500.

［90］ 李实，沈扬扬．中国农村居民收入分配中的机会不平等：2013—2018 年［J］. 农业经济问题，2022（01）：4－14.

［91］ D. J. Aigner，S. F. Chu. On Estimating the Industry Production Function［J］. The American Economic Review，1968，58（4）：826－839.

［92］ Aigner Dennis，Lovell C. A. Knox，Schmidt Peter. Formulation and Estimation of Stochastic Frontier Production Function Models［J］. Journal of Econometrics，1977，6（1）：21－37.

［93］ W. Meeusen，J. Broeck. Technical Efficiency and Dimension of the Firm：Some Results on the Use of Frontier Production Functions［J］. Empirical Economics，1977，2（2）：109－122.

［94］ Léopold Simar，Valentin Zelenyuk. Stochastic FDH/DEA Estimators for Frontier Analysis［J］. Journal of Productivity Analysis，2011，36（1）：1－20.

［95］ P. Zhou，B. W. Ang，D. Q. Zhou. Measuring Economy－wide Energy Efficiency Performance：A Parametric Frontier Approach [J]. Applied Energy，2011，90（01）：196 -200.

[96] Boqiang Lin，Xiaolei Wang. Exploring Energy Efficiency in China's iron and Steel Industry：A Stochastic Frontier Approach [J]. Energy Policy，2014，72：87 -96.

[97] Huaping Sun，Bless Kofi Edziah，Chuanwang Sun，Anthony Kwaku Kporsu. Institutional Quality，Green Innovation and Energy Efficiency [J]. Energy Policy，2019，135（C）：111002.

[98] 唐齐鸣，王彪．中国地方政府财政支出效率及影响因素的实证研究 [J]. 金融研究，2012（02）：48 -60.

[99] 张权，王德祥．城市公共支出效率测算及层次性研究——基于随机前沿模型 [J]. 财贸研究，2013，24（01）：78 -85.

[100] 张友棠，杨柳．“一带一路”国家金融发展与中国对外直接投资效率——基于随机前沿模型的实证分析 [J]. 数量经济技术经济研究，2020，37（02）：109 -124.

[101] Zhang Tao. A Monte Carlo Analysis for Stochastic Distance Function Frontier [J]. Engineering Economics，2012，23（03）：250 -255.

[102] 章上峰，许冰，顾文涛．时变弹性生产函数模型统计学与经济学检验 [J]. 统计研究，2011，28（06）：91 -96.

[103] 高宇明，齐中英．基于时变参数的我国全要素生产率估计 [J]. 数量经济技术经济研究，2008（02）：100 -109，121.

[104] 张毅，Toyi CLAUDIA，刘维奇．基于半参数随机成本前沿方法的道路运输企业成本无效率研究——以山西公路客运企业为例 [J]. 数理统计与管理，2018，37（01）：36 -50.

[105] 郭晗，任保平．结构变动、要素产出弹性与中国潜在经济增长率 [J]. 数量经济技术经济研究，2014，31（12）：72 -84.

[106] 章上峰，许冰．中国经济非稳态增长典型事实及解析 [J]. 数量经济技术经济研究，2015，32（03）：94 -110.

[107] 文淑惠，张昕．中南半岛贸易潜力及其影响因素——基于随机前沿引力模型的实证分析 [J]. 国际贸易问题，2017（10）：97 -108.

[108] Greene William H.. A Gamma - distributed Stochastic Frontier Model [J]. Journal of Econometrics, 1990, 46 (1-2): 141-163.

[109] Xihong Lin, Norman E. Breslow. Bias Correction in Generalized Linear Mixed Models with Multiple Components of Dispersion [J]. Journal of the American Statistical Association, 2012, 91 (435): 255-276.

[110] Jacob K. Goeree, Charles A. Holt, Susan K. Laury. Private Costs and Public Benefits: Unraveling the Effects of Altruism and Noisy Behavior [J]. Journal of Public Economics, 2002, 83 (02): 1007-1016.

[111] 罗羡华，杨振海，周勇. 时变弹性系数生产函数的非参数估计 [J]. 系统工程理论与实践，2009，29 (04): 144-149.

[112] 章上峰，顾文涛. 超越对数生产函数的半参数变系数估计模型 [J]. 统计与信息论坛，2011，26 (08): 18-23.

[113] Fried Harold O., Knox Lovell C. A., Eeckaut Philippe Vanden. Evaluating the Performance of US Credit Unions [J]. Journal of Banking & Finance, 1993, 17 (2-3): 251-265.

[114] Jie Zhang, Yinxiao Qu, Yun Zhang, Xiuzhen Li, Xiao Miao. Effects of FDI on the Efficiency of Government Expenditure on Environmental Protection Under Fiscal Decentralization: A Spatial Econometric Analysis for China [J]. International Journal of Environmental Research and Public Health, 2019, 16 (14): 2496-2496.

[115] Hao Liu. The Communication and European Regional Economic growth: The Interactive Fixed Effects Approach [J]. Economic Modelling, 2019, 83 (C): 299-311.

[116] Wu Yanghong, Zhou Xiaoliang. Research on the Efficiency of China's Fiscal Expenditure Structure under the Goal of Inclusive Green Growth [J]. Sustainability, 2021, 13 (17): 9725-9725.

[117] 刘斌. 中国省域地方政府财政支出效率的雁形演化：1978—2010 [J]. 中国经济问题，2012 (05): 62-70, 80.

[118] 吴庆田，马枭琴. 乡村振兴背景下财政金融支农协同减贫效率分析——基于我国省际面板数据研究 [J]. 管理现代化，2021，41

(05)：15－19.

［119］杨海生，才国伟，李泽槟．政策不连续性与财政效率损失——来自地方官员变更的经验证据［J］．管理世界，2015（12）：12－23，187.

［120］张大鹏，涂精华．民族特困地区旅游减贫效率测度及其影响因素研究——来自武陵山片区的证据［J］．湖北民族大学学报（哲学社会科学版），2020，38（05）：58－67.

［121］洪名勇，潘东阳，吴昭洋，等．农村减贫效率及其空间差异研究——基于 DEA－ESDA 模型的分析［J］．中国农业资源与区划，2017，38（11）：179－184，197.

［122］杨国涛，张特，东梅．中国农业生产效率与减贫效率研究［J］．数量经济技术经济研究，2020，37（04）：46－65.

［123］张楠，寇璇，刘蓉．财政工具的农村减贫效应与效率——基于三条相对贫困线的分析［J］．中国农村经济，2021（01）：49－71.

［124］姜晓萍，郑时彦．借鉴与超越：中国相对贫困话语体系的理论源流与内涵转换［J］．社会科学研究，2022（04）：1－12.

［125］肖卫东，梁春梅．农村土地“三权分置”的内涵、基本要义及权利关系［J］．中国农村经济，2016（11）：17－29.

［126］姜安印，陈卫强．论相对贫困的成因、属性及治理之策［J］．南京农业大学学报（社会科学版），2021，21（03）：127－139.

［127］梁小军，胡多．共同富裕目标下相对贫困治理的制度逻辑［J］．学习与实践，2022（07）：87－95.

［128］汪三贵，郭建兵，胡骏．巩固拓展脱贫攻坚成果的若干思考［J］．西北师大学报（社会科学版），2021，58（03）：16－25.

［129］高强，孔祥智．论相对贫困的内涵、特点难点及应对之策［J］．新疆师范大学学报（哲学社会科学版），2020，41（03）：2，120－128.

［130］蒋永穆，侯婉月．化解农村相对贫困问题的理论探析［J］．当代经济研究，2022（04）：31－39.

［131］周力，沈坤荣．相对贫困与主观幸福感［J］．农业经济问

题，2021（11）：102－114.

［132］寇璇．财政工具对我国相对贫困的减贫效应研究［D］．成都：西南财经大学，2021.

［133］陈岑，沈扬扬，李实，等．关于构建农村相对贫困治理长效机制的若干思考［J］．华南师范大学学报（社会科学版），2022（03）：16－25，205.

［134］向德平，向凯．多元与发展：相对贫困的内涵及治理［J］．华中科技大学学报（社会科学版），2020，34（02）：31－38.

［135］黄滢晓，汪慧玲．金融资源配置扭曲与贫困关系研究［J］．贵州社会科学，2007（12）：83－86.

［136］王谦，王秋苏．我国财政支农支出的区域减贫效应研究［J］．山东财经大学学报，2017，29（05）：36－45.

［137］袁利平，张欣鑫．教育扶贫何以可能——多学科视角下的教育扶贫及其实现［J］．教育与经济，2018（05）：30－39.

［138］王春光．中国农村贫困问题的设置与反贫实践的延续性［J］．社会发展研究，2020，7（03）：15－27.

［139］方迎风．国家级贫困县的经济增长与减贫效应——基于中国县级面板数据的实证分析［J］．社会科学研究，2019（01）：15－25.

［140］吴晓蓉，范小梅．教育回报的反贫困作用模型及其实现机制［J］．教育研究，2018，39（09）：80－88.

［141］Aghion P，Bolton P. A Trickle Down Theory of Growth and Development［J］．The Revies of Economic Studies，1997，64（02）：172－191.

［142］Wang，H. C.，Androws，K. The Third Way and the Third World：Poverty Reduction and Social Inclusion in the Rise of Inclusive Liberalism［J］．Study of Finance & Economics，2012（16）：440－471.

［143］Jonathan Borggren，Rikard H. Eriksson，David Wong. Human Capital，Skills，and Uneven Intraurban Employment Growth：The Case of Göteborg，Sweden，1990－2008［J］．Urban Studies Research，2014：1－14.

［144］刘志国，边魏魏．负向涓滴效应：经济增长与收入分配的恶化［J］．南京财经大学学报，2013（04）：1－7.

［145］ Sen, A. K. Poverty: An Ordinal Approach to Measurement ［J］. Econometrica, 1976, 44 (02): 219 - 231.

［146］ Deaton, A. Counting the World's Poor: Problems and Possible Solutions ［J］. World Bank Research Observer, 2001, 16: 125 - 147.

［147］ Thon, D. On Measuring Poverty ［J］. Review of Income and Wealth, 1979, 25: 429 - 440.

［148］ Shorrocks, A. F. Revisiting the Sen Poverty Index ［J］. Econometrica, 1995, 63 (05): 1225 - 1230.

［149］ N. Kakwani, K. Subbarao. Rural Poverty and Its Alleviation in India ［J］. Economic and Political Weekly, 1990, 25 (13): A2 - A16.

［150］ Thon, D. A Poverty Measure ［J］. Indian Economic. 1983, 30: 55 - 57.

［151］ Donaldson David, Weymark John A. A Single - parameter Generalization of the Gini Indices of Inequality ［J］. Journal of Economic Theory, 1980, 22 (01): 67 - 86.

［152］ Chakravarty Satya R. A New Index of Poverty ［J］. Mathematical Social Sciences, 1983, 6 (03): 307 - 313.

［153］ Manuel Arellano, Stéphane Bonhomme. Nonlinear Panel Data Methods for Dynamic Heterogeneous Agent Models ［J］. Annual Review of Economics, 2017, 9 (01): 471 - 496.

［154］ Ji - Liang Shiu. An Alternative Identification of Nonlinear Dynamic Panel Data Models with Unobserved Covariates ［J］. Economics Letters, 2014, 122 (02): 338 - 342.

［155］ Patrick Gagliardini, Christian Gouriéroux. Identification by Laplace Transforms in Nonlinear Time Series and Panel Models with Unobserved Stochastic Dynamic Effects ［J］. Journal of Econometrics, 2018, 208 (02): 613 - 637.

［156］ 王小刚，王黎明．基于贝叶斯结构突变的随机系数动态面板模型研究［J］．数量经济技术经济研究，2013，30（08）：149 - 160.

［157］ 崔晓静．针对面板数据的半参数变系数可加模型的估计和

推断［J］. 应用数学学报，2021，44（03）：307－329.

［158］丁飞鹏，陈建宝. 固定效应部分线性单指数面板模型的快速有效估计及应用［J］. 高校应用数学学报A辑，2019，34（02）：127－141.

［159］徐秋华，张梓玚. 具有截面相关的变系数面板数据模型的估计及应用［J］. 系统工程理论与实践，2019，39（04）：817－828.

［160］谢申祥，刘生龙，李强. 基础设施的可获得性与农村减贫——来自中国微观数据的经验分析［J］. 中国农村经济，2018（05）：112－131.

［161］李万福，杜静，张怀. 创新补助究竟有没有激励企业创新自主投资——来自中国上市公司的新证据［J］. 金融研究，2017（10）：130－145.

［162］苏静，胡宗义. 农村金融减贫的直接效应与中介效应——基于状态空间模型和中介效应检验的动态分析［J］. 财经理论与实践，2015，36（04）：33－38.

［163］蔡昉. 中国经济增长如何转向全要素生产率驱动型［J］. 中国社会科学，2013（01）：56－71，206.

［164］黎蔺娴，边恕. 经济增长、收入分配与贫困：包容性增长的识别与分解［J］. 经济研究，2021，56（02）：54－70.

［165］Martin Ravallion. Inequality and Poverty When Effort Matters［J］. Econometrics，2017，5（04）：50－59.

［166］Rivera John Paolo R.. Estimating Gini Coefficient and FGT Indices in the Philippines Using the Family Income and Expenditure Survey［J］. Journal of Poverty，2020：1－23.

［167］Olusegun Ayodele Akanbi. The Growth，Poverty and Inequality nexus in South Africa：Cointegration and Causality Analysis［J］. Development Southern Africa，2016，33（02）：166－185.

［168］李东坤，尹忠明. 中国西部民族地区产业结构优化升级的城镇减贫效应研究［J］. 云南财经大学学报，2019，35（01）：100－112.

［169］Paul C，Stefan D. African Agriculture in 50 Years：Smallholders in a Rapidly Changing World? [J]. World Development, 2014, 63: 92 - 101.

[170] 单德朋，王英，郑长德. 专业化、多样化与产业结构减贫效应的动态异质表现研究 [J]. 中国人口·资源与环境，2017，27 (07): 157 - 168.

[171] 解垩. 城镇化与中国农村减贫 [J]. 经济科学，2020，(03): 5 - 16.

[172] 张跃，黄帅金. 城镇化减贫的空间溢出效应及门槛特征——基于贫困乡城转移背景 [J]. 云南财经大学学报，2019，35 (12): 36 - 48.

[173] 崔万田，何春. 城镇化的农村减贫效应：理论机制与实证检验 [J]. 经济科学，2018 (04): 89 - 102.

[174] 田雅娟，刘强. 城镇化的农村减贫效应——基于动态变系数模型的实证研究 [J]. 统计与信息论坛，2020，35 (02): 94 - 101.

[175] 彭代彦，杨迎亚，于寄语. 城镇化对贫困率的非线性影响 [J]. 城市问题，2017 (11): 4 - 10.

[176] Loayza N V, Raddatz C. The Composition of Growth Matters for Poverty Alleviation [R]. World Bank, 2006.

[177] 胡联，缪宁，姚绍群，等. 中国农村相对贫困变动和分解：2002—2018 [J]. 数量经济技术经济研究，2021，38 (02): 132 - 146.

[178] Foster J, Greer J, Thorbecke E. A Class of Decomposable Poverty Measures [J]. Econometrica, 1984, 52 (03): 761 - 765.

[179] Tendulkar Suresh D. , L. R. Jain. Rural Poverty and Its Alleviation in India: A Critical Scrutiny [J]. Economic and Political Weekly, 1990, 25 (38): 2165 - 2168.

[180] Datt Gaurav, Ravallion Martin. Growth and Redistribution Components of Changes in Poverty Measures: A Decomposition with Applications to Brazil and India in the 1980s [J]. Journal of Development Economics, 1992, 38 (02): 275 - 295.

[181] Anthony F. Shorrocks. Decomposition Procedures for Distributional Analysis: A Unified Framework Based on the Shapley Value [J]. The Journal of Economic Inequality, 2013, 11 (01): 99 - 126.

[182] Nanak Kakwani, Medhi Krongkaew. Economic Growth, Poverty and Income Inequality in the Asia – Pacific Region [J]. Journal of the Asia Pacific Economy, 2000, 5 (1 –2): 9 –13.

[183] Oyekale A. S., Duclos J. – Y., Araar A., Adeoti A. I., Oyekalc T. O.. Income Inequality and Its Sources in Nigeria: A Factor Component Decomposition Approach [J]. Nigerian Journal of Economic and Social Studies, 2007, 49 (03): 363 –379.

[184] 宋扬，赵君．中国的贫困现状与特征：基于等值规模调整后的再分析 [J]．管理世界，2015 (10): 65 –77.

[185] 江克忠，刘生龙．收入结构、收入不平等与农村家庭贫困 [J]．中国农村经济，2017 (08): 75 –90.

[186] 罗良清，平卫英．中国贫困动态变化分解：1991—2015 年 [J]．管理世界，2020, 36 (02): 27 –40, 216.

[187] 王小林，冯贺霞．2020 年后中国多维相对贫困标准：国际经验与政策取向 [J]．中国农村经济，2020 (03): 2 –21.

[188] Shatakshee Dhongde. Global Poverty Estimates: A Sensitivity Analysis [J]. World Development, 2013, 44: 1 –13.

[189] 侯石安，谢玲．贵州农村贫困程度及其影响因素分析——基于 2001—2012 年贵州农村 FGT 贫困指数的多维测度 [J]．贵州社会科学，2014 (07): 122 –126.

[190] Lichtenberg, F. R. Testing the Convergence Hypothesis [J]. The Review of Economics and Statistics, 1994, 76 (3): 576 –579.

[191] Sun Ling Wang, Jikun Huang, Xiaobing Wang, Francis Tuan. Are China's Regional Agricultural Productivities Converging: How and Why? [J]. Food Policy, 2019, 86 (C): 101727.

[192] Alan Mc Cunn, Wallace E. Huffman. Convergence in U. S. Productivity Growth for Agriculture: Implications of Interstate Research Spillovers for Funding Agricultural Research [J]. American Journal of Agricultural Economics, 2000, 82 (02): 237 –252.

[193] 李毅．交互效应面板数据模型的理论与应用 [D]．武汉：

华中科技大学，2013.

［194］叶小青．非线性交互效应面板数据模型的估计［J］．统计研究，2014，31（02）：96－101.

［195］Lee. N. Moon，HR. Weidner，M. Analysis of Interactive Fixed Effects Dynamic Linear Panel Regression with Measurement Error［J］．Econimic Letters，2012，117（01）：239－242.

［196］程名望，Jin Yanhong，盖庆恩，等．农村减贫：应该更关注教育还是健康？——基于收入增长和差距缩小双重视角的实证［J］．经济研究，2014，49（11）：130－144.

［197］左停，徐小言．农村“贫困－疾病”恶性循环与精准扶贫中链式健康保障体系建设［J］．西南民族大学学报（人文社会科学版），2017，38（01）：1－8.

［198］Jushan Bai，Serena Ng. Determining the Number of Factors in Approximate Factor Models［J］．Econometrica，2002，70（01）：191－221.

［199］崔华泰．共同因子冲击下的股票市场与经济增长的互动关系研究——基于中国与OECD国家股市与经济数据的分析［J］．东岳论丛，2016，37（11）：113－119.

［200］崔艳娟，孙刚．金融发展是贫困减缓的原因吗？——来自中国的证据［J］．金融研究，2012（11）：116－127.

［201］李晗，陆迁．精准扶贫与贫困家庭复原力——基于CHFS微观数据的分析［J］．中国农村观察，2021（02）：28－41.

［202］樊增增，邹薇．从脱贫攻坚走向共同富裕：中国相对贫困的动态识别与贫困变化的量化分解［J］．中国工业经济，2021（10）：59－77.

［203］Zhang Dongling，Zhang Guoqing，Jiao Yuxin，Wang Yanyan，Wang Pengnian. “Digital Dividend” or “Digital Divide”：What Role Does the Internet Play in the Health Inequalities among Chinese Residents?［J］．International Journal of Environmental Research and Public Health，2022，19（22）：15162.

［204］王小龙，余龙．财政转移支付的不确定性与企业实际税负

[J]. 中国工业经济，2018 (09)：155－173.

[205] 魏福成，朱东霞．互联网普及对地方政府民生性支出的影响研究——以医疗卫生支出为例 [J]. 财政研究，2021 (05)：116－129.

[206] 毛捷，吕冰洋，马光荣．转移支付与政府扩张：基于“价格效应”的研究 [J]. 管理世界，2015 (07)：29－41，187.

[207] Lindley D. V., Smith A. F. M.. Bayes Estimates for the Linear Model [J]. Journal of the Royal Statistical Society. Series B (Methodological), 1972, 34 (01)：1－41.

[208] Anthony S B, Stephan W R. Toward a More Appropriate Conceptualization of Research on School Effects：A Three－Level Hierarchical Linear Model [J]. American Journal of Education, 1988, 97 (01)：65－108.

[209] 方杰，温忠麟，张敏强，等．基于结构方程模型的多层中介效应分析 [J]. 心理科学进展，2014，22 (03)：530－539.

[210] Shi L, Ojeda M M. Local Influence in Multilevel Regression for Growth Curves [J]. Journal of Multivariate Analysis, 2004, 91 (03)：282－304.

[211] Raudenbush S W, Bryk A S. 分层线性模型：应用与数据分析方法 [M]. 郭志刚，郑真真，陈卫，译．北京：社会科学文献出版社，2007.

[212] 曹智苗，王秀丽．带有测量误差变系数模型的模型选择 [J]. 数理统计与管理，2021，40 (05)：842－850.

[213] 王焕英，石磊．基于多水平模型的中国区域经济增长收敛性特征分析 [J]. 统计与决策，2010 (17)：110－113.

[214] 高齐圣，王秋苏．从绝对贫困消除转向相对贫困治理：城镇化的跨层中介调节模型分析 [J]. 数理统计与管理，2023，42 (03)：495－512.

[215] 李文，王佳．地方财政压力对企业税负的影响——基于多层线性模型的分析 [J]. 财贸研究，2020，31 (05)：52－65.

[216] 张敏，李勇．异质性视角下 Meta 分析的统计诊断研究 [J]. 统计与决策，2021，37 (21)：41－45.

［217］李小云，于乐荣，齐顾波.2000—2008 年中国经济增长对贫困减少的作用：一个全国和分区域的实证分析［J］. 中国农村经济，2010（04）：4－11.

［218］王海港，李实，刘京军. 城镇居民教育收益率的地区差异及其解释［J］. 经济研究，2007（08）：73－81.

［219］方长春. 教育扩张是否影响了教育收益率——基于中国城镇数据的 HLM 分析［J］. 教育研究，2019，40（01）：111－121.

［220］赵永平，徐盈之. 新型城镇化发展水平综合测度与驱动机制研究——基于我国省际 2000—2011 年的经验分析［J］. 中国地质大学学报（社会科学版），2014，14（01）：116－124.

［221］蓝庆新，陈超凡. 新型城镇化推动产业结构升级了吗？——基于中国省级面板数据的空间计量研究［J］. 财经研究，2013，39（12）：57－71.

［222］熊湘辉，徐璋勇. 中国新型城镇化水平及动力因素测度研究［J］. 数量经济技术经济研究，2018，35（02）：44－63.

［223］王轶，詹鹏，姜竹. 城镇化进程中失地农民与城镇居民和未失地农民收入差距研究——基于北京地区的调查数据［J］. 中国农村经济，2018（04）：121－139.

［224］张博胜，杨子生. 中国城镇化的农村减贫及其空间溢出效应——基于省级面板数据的空间计量分析［J］. 地理研究，2020，39（07）：1592－1608.

［225］胡晗，司亚飞，王立剑. 产业扶贫政策对贫困户生计策略和收入的影响——来自陕西省的经验证据［J］. 中国农村经济，2018，（01）：78－89.

［226］周华，闫琴，滕娇，等. 公共、私人教育投入分配对益贫式增长的作用机制——基于分层次教育体系的研究［J］. 数理统计与管理，2018，37（03）：422－437.

［227］Hayes A F. Beyond Baron and Kenny：Statistical Mediation Analysis in the New Millennium［J］. Communication Monographs，2009，76（4）：408－420.

[228] 方杰，张敏强．参数和非参数 Bootstrap 方法的简单中介效应分析比较［J］．心理科学，2013，36（03）：722－727.

[229] Zhang Dongling，Wang Yanyan，Jiao Yuxin. The Impact of Social Pension Schemes on the Mental Health of the Chinese Elderly：A Mediating Effect Perspective of Two－Way Intergenerational Support［J］．International Journal of Environmental Research and Public Health，2022，19（14）：8721.

[230] 温忠麟，叶宝娟．中介效应分析：方法和模型发展［J］．心理科学进展，2014，22（05）：731－745.

[231] Subal C. Kumbhakar，M. Denny，M. Fuss. Estimation and DeComposition of Productivity Change When Production is not Efficient：A Panel-Data Approach［J］．Econometric Reviews，2000，19（04）：312－320.

[232] Cornwell C.，Schmidt P.，SicklesI Robin C. Production Frontier with Cross－section and Time－series Variation in Efficiency Levels［J］．Journal of Econometrics，1990，46：185－200.

[233] Lai Hung－pin，Kumbhakar Subal C. Technical and Allocative Efficiency in a Panel Stochastic Production Frontier System Model［J］．European Journal of Operational Research，2019，278：255－265.

[234] G. E. Battese，T. J. Coelli. A Model for Technical Inefficiency Effects in a Stochastic Frontier Production Function for Panel Data［J］．Empirical Economics，1995，20（02）：325－332.

[235] L. G. Lawson，J. Bruun，T. Coelli，J. F. Agger，M. Lund. Relationships of Efficiency to Reproductive Disorders in Danish Milk Production：A Stochastic Frontier Analysis［J］．Journal of Dairy Science，2004，87（01）：212－224.

[236] Liu Shu－chang，Lin Yao－ben，Ye Yan－mei，Xiao Wu. Spatial－temporal Characteristics of Industrial Land Use Efficiency in Provincial China Based on a Stochastic Frontier Production Function Approach［J］．Journal of Cleaner Production，2021，295：126432.

[237] 陶长琪，王志平．随机前沿方法的研究进展与展望［J］．

数量经济技术经济研究，2011，28（11）：148－161.

［238］陈鸣，邓荣荣，周发明．中国农业科技减贫的效率测度及空间优化——基于三阶段 DEA 方法与空间面板模型的研究［J］．科技管理研究，2016，36（04）：59－64，74.

［239］范鑫．数字经济与出口：基于异质性随机前沿模型的分析［J］．世界经济研究，2021（02）：64－76，135.

［240］陈诗一，张军．中国地方政府财政支出效率研究：1978—2005［J］．中国社会科学，2008（04）：65－78，206.

［241］杨振山，丁悦，荆瑛．国家财政扶贫资金是“祝福”还是“诅咒”？——对国家扶贫工作重点县的实证分析［J］．地域研究与开发，2020，39（05）：116－120.

［242］许春淑，闫殊．城乡义务教育均等化减贫效应及地区差异——基于 30 个省级动态面板数据 GMM 方法的实证研究［J］．经济问题，2017（09）：6－12.

［243］白俊红，卞元超．要素市场扭曲与中国创新生产的效率损失［J］．中国工业经济，2016（11）：39－55.

［244］施炳展，冼国明．要素价格扭曲与中国工业企业出口行为［J］．中国工业经济，2012（02）：47－56.

后　　记

本书是在我的博士学位论文的基础上，对部分关键性内容重新思考、打磨和充实完善后修订而成的。在本书即将出版之际，我并没有感到丝毫的放松和懈怠，而是有更多的压力和憧憬。相对贫困的治理是共同富裕的核心内容，两者统一于“共享发展”的理念。虽然近几年成果比较丰硕，但仍需要延伸到共同富裕和乡村振兴领域。因此，在今后的学习和工作中，我将继续保持对知识和创新的渴望，期待在共同富裕和乡村振兴的科研道路上有所精进，以回馈母校、工作单位和良师益友一直以来的帮助和关怀。

两年前，漫长而波折的求学生涯，终于在白雪皑皑的时节落下帷幕。回首来路，阴差阳错地来到了青岛大学，读博的那段经历，过程是曲折的，但上天终究是眷顾我的，在黑暗的道路上，始终有恩师们用智慧与温情照亮我的晦暗时光。他们不仅是传道授业的师长，更是在我至暗时刻能够紧紧抓住的绳索，是暴风雨中始终亮着的灯塔。那些被他们悄悄垫高的台阶，最终让我看见了更辽阔的风景。所以，我感谢我在求学生涯中遇到的一切！

就像有人说，我走了很远的路，才把这篇论文送到你面前。对于作为农民的父母来说，他们几乎走了一辈子的路，才把我送到了你们面前。他们的一生，是黄土地上年复一年的春种秋收，是烈日下弯腰劳作的汗水浸透衣衫。每一年的秋天，果园里的苹果被小心翼翼地摘下、装箱，再换成我和妹妹下一年的学费、生活费，那些果实是书本、铅笔、宿舍的床铺，是通往未来的车票。或许我还要感谢这些年的风调雨顺，感谢没有冰雹砸坏果树，没有干旱让土地龟裂，没有暴雨冲毁收成。因为我知道，哪怕一场天灾，都可能让他们的脊梁弯得更低，让我和妹妹的求学路走得更艰难。而现在，我终于要博士研究生毕业，手里攥着的不仅是一纸文凭，更是他们一生期盼的答案。我终于可以不再只是索取，而是用双手去回报那双布满老茧的手，去撑起他们渐渐佝偻的背。

四年寒窗淬炼出的情谊，早已超越了普通同窗的界限。我要感谢共同奋斗的博士战友，这四年来，我们不光是一起学习的同学情，更是你们见证了我的大起大落，在我无数次的崩溃大哭中，可以理解我的痛苦，帮我走出我自己无法承受的压力。希望他们工作和生活一切顺利！

当初写下博士论文致谢的时候，正值我31岁生日，一个在传统眼光里被贴上“大龄未婚”标签的数字，让我在致谢的开篇就百感交集。我既害怕时光的飞逝，但与此同时，也隐隐期待，或许熬过这段黑暗，命运会给我一个温柔的答案。两年半后的今天，当我再次回望那段日子，竟觉得恍如隔世。曾经以为永远改不完的论文、投不中的期刊，如今都成了可以笑着提起的往事。更让我感慨的是，命运的确给了我意料之外的馈赠——我有了疼爱我的爱人，肚子里有了宝宝，工作和生活都让我满足。那些曾经让我彻夜难眠的焦虑，如今看来，不过是人生长河里的一粒沙。

我时常在想，我回到10年前就好了，我就有更多的时间变得更好。但仔细想来，我从不后悔遇到的每一个人，他们都在我的每一个转折点上影响到我，我心存感激。我以为我的人生平凡的不值一提，但其实很多时候都很精彩，现在的我，正是我10年前的决定呀！未来的路还很长，愿我和我的家人平安喜乐，万事顺遂。

2025年4月24日

于山东工商学院